逆風をもって「徳」とする

オイル、バブル、リーマンの危機を
乗り越え 再成長への道を拓いた
同友会型企業づくりの真髄

赤石義博　藤河次宏　加藤明彦

「あかいし文庫」友の会 編

同友会が大切にしている「人を生かす経営」の真髄

――新たな確信をもってコロナ危機に立ち向かうために、本書を推薦します

中小企業家同友会全国協議会会長　広浜　泰久

「コロナ・ショック緊急出版」です。この企画を伺ったとき、三つの切り口で大変に有意義だと感じました。

一つ目は「あかいし文庫友の会」発行となること。宮崎同友会で「あかいし文庫」を創設しただけでも素晴らしいことだったのに、その「友の会」から、赤石さんと、その実践「逆風をもって徳とす」を「そのままやってきた」とおっしゃる加藤さん、そこに「つぶれない会社」へと自社を鍛え上げた藤河さんを加えて、お三方の貴重な体験とそこからの教訓を広く皆さんに提供していただくとのこと。その恩恵にあずかる私たちにとってこの上なく大きな福音です。多分、赤石さんもあの世で殊の外お喜びのことと思います。

二つ目は、その内容です。コロナ危機での売上と収益の落ち込みが、「想定」から「現実」のものとなってきている今、当方の会社でも本体・子会社合わせて様々な対応策を講じていますが、何とそのすべてが記載項目の中に網羅されているではありませんか！

資金調達のこと、社員の自主性のこと、生産性向上のこと、新しい売り上げを創出すること等々、そ

のすべてが当然のように記述されているだけでなく、極端に言えば、危機において押さえておくべきポイントがすべて網羅されているのです！

戦後の日本経済における経済危機の中で、オイルショック・バブル崩壊・リーマンショックは明らかにワースト3。それぞれを乗り切るだけでなく、その後のさらなる発展につなげてきたお三方の取り組みは、コロナ危機にどのように立ち向かうべきかという「今」における、最高の教科書になるはずです。

三つ目は、お三人に共通する「社員の皆さんへの思い」です。

「今でも、この時を思い出すと涙を抑えきれないことがよくあります。つらく、そして、より大きな目的をもって頑張らなければと自分に誓った一瞬でもありました」と赤石さん。

「後から聞いた話ですけれども、『俺は発破かけられた』というのです。（奥さんから）『お父さん、こんないい会社ないから、しっかりやらんといかんよ。絶対つぶしちゃいかんよ』ということで、みんな会社に来るのですよ」と加藤さん。

「社長への質問会」までやっていて、とことんまで答えている藤河さん。

詳細は本文をご覧になっていただきたいと思いますが、そのような感動的なエピソードも織り込みながら、社員の皆さんへの思いと、どのような働きかけをしてきたかが、克明に記されています。

同友会が大切にしている「人を生かす経営」の真髄です。危機を乗り切る決め手は「人を生かす経営」だということを、お三方から体験的に語っていただいています。

ぜひこの本をお読みいただき、新たな確信をもってコロナ危機に立ち向かってください。

二〇二〇年六月

本書に収録した三本の経営実践記録は、いずれも二〇〇九年から二〇一二年にかけて、あるいは出版された同友会発行著書の中から、あるいは同友会の全国研究集会やフォーラム・役員研修会での報告をもとに、再編集されたものです。文章中の年数や数字はその当時を基準にしていることをお断りしておきます。なお、各記録の成り立ちの経緯は、それぞれに記してあります。

1章

逆風をもって徳とす

オイル・ショックとの苦闘から生まれた「全天候型経営」

赤石 義博

赤石　義博（あかいし　よしひろ）

一九三三年（昭和8）北海道で生まれる。一九五九年（昭和34）上京して東亜通信工業㈱に入社。一九七八年代表取締役社長に就任。この間、同社を電磁鉄芯業界ナンバーワン企業に育てる。一九九二年（平成4）同社社長退任。一九六二年（昭和37）日本中小企業家同友会（現東京中小企業家同友会）入会。一九八五年から十一年間中小企業家同友会全国協議会幹事長、一九九六年から十一年間同会長を務める。二〇〇七年より同相談役幹事、二〇一四年同顧問に就任。二〇一六年三月十日死去。

一九八〇年代より全国各地同友会の会合に招かれて講演、問題提起を行う。この間の記録をもとに補筆を行い、また書き下ろして、九冊の著作（共著含む）にまとめる。同友会運動の歴史と理念を伝え、人間尊重経営をめざす会員の経営の指針として広く読み継がれている。

ここに収録の記録は、二〇〇九年刊の『人間尊重経営を深める――私と「自主・民主・連帯」上巻』（中同協刊）第3章の「第2節「全天候型企業づくり」への道」をもとに、『変革の時代と人間尊重の経営』（一九九四年　鉱脈社刊）から関連部分を補足してまとめたものです。

——以前、赤石さんが「全天候型経営」というテーマで話されたのを最近知って読ませていただきました。確か前年の売上から三分の二も落ち込むといった経営危機に遭って、あらためて自社の経営を総点検して、危機を乗りこえたばかりでなく、その後の発展の基盤をおつくりになった。その体験を「全天候型経営」として抽出されていったと理解していますが、現在（二〇〇九年春、リーマン・ショック）、マスコミとか政府は百年に一度の経済危機といい、実際、全般的に景気の悪化が感じられ、特に自動車関連とか機械関係では売上が五割ダウンしたとか、三割くらいしか仕事がないという話も聞きます。

赤石さんは、全社一丸体制づくりの究極の課題は、全天候型企業づくりにある、とおっしゃっていました。経済危機にある今こそ、その話に耳を傾けなければならない時と思います。

一、月商七割減の経営危機に直面

オイル・ショックの総需要抑制で売上七割減

一九七三年（昭和48）九月に勃発した第一次中東戦争を契機に、ＯＰＥＣが原油価格を大幅に引き上げ、かつ、その価格を受け入れないなら買って貰わなくて結構という姿勢を打ち出しました。いわゆる第一次オイル・ショックの始まりです。この影響でわが社は、それまでの月商の三分の一以下の売上を確保するのがやっとという事態に突き落とされました。そこから這い上がる体験の中で、「全社一丸体制づくり」

の究極の目的は、どんな経営環境に遭っても社員のくらしはもちろんのこと、協力会社や取引先に迷惑をかけない強靭な経営体質の確立にあることに気がつきました。それを「全天候型経営」と名付けたのです。

当時の日本は、高度経済成長を謳歌し、しかしその実は後に原油ジャブ漬けと評されたあり方でしたから、経済は一挙に落ち込みます。今も話題に残っている、店頭からトイレット・ペーパーまで姿を消すという混乱をへて、翌年の一〜三月期のGDPはマイナス一三・一パーセントという大幅下落を示しました。

因《ちな》みに、二〇〇八年のサブプライム・ローンの証券化に端を発する世界大不況をマスコミは百年に一度と大騒ぎしていますが、表面的にはその始まりとなったリーマン・ブラザーズが倒産した〇八年九月を起点としますと、続く十〜十二月期の日本のGDPはマイナス一二・一パーセントでオイル・ショックの時を下回っています。〇九年に入って一〜三月の方がそれをさらに下回りそうだとの情報もありますが、いずれにしても、オイル・ショックの国内経済に与えた衝撃の凄さがわかっていただけるかと思います。

七三年秋のオイル・ショックを受け、七四年に入ると同時にいわゆる総需要抑制が始まって、日本経済は一挙に奈落に落ちていくことになります。総需要抑制ということで、当然ながらまず需要の大幅減退という現象が出てきました。同時に、新価格体系への移行とか言われましたが、要は値上げです。ここで、いわゆる石油関連製品、エネルギー関係のコストをはじめ、全体に軒並みものすごい値上がりをしました。当然ながら、価格決定権を持っている大企業ほど、より短期間に新価格体系に移行する。つまり、値上げを完了させます。この時に、トイレット・ペーパー問題に象徴される、例の売り惜しみとか便乗値上げといった問題が発生してくるわけですが、このなかにあって、価格決定権を持っていない中小企業は、需要は衰退するし、材料はべらぼうに値上がりする、かつ、製品の値上げはなかなかできないということで、ものすごく困難な状況にぶつかりました。これが、当時の全般的な状況です。

いったん縮小して――希望退職を募集

幸いと言いますか、私の属する家電業界は、年間契約による輸出がかなりにのぼっていたため、七三年（昭和48）から七四年に入っても好景気でした。オイル・ショックによる減産は一年遅れで七四年秋から始まりました。その年十月までは月商二億六〇〇〇万円を超えていましたが、しかし、これをピークに十一月に入るとグーッと下がっていきました。十二月予想も変わらずとなっていました。

十二月半ば、悩み抜いた末、暮れの賞与を支給すると同時に二〇パーセントの希望退職募集を労働組合側に申し入れました。そのとき私はみんなにこういって頭を下げました。私の偽りのない心境でした。

「みんなに話したように五年で賃金を倍増する約束を果たし、ここまで十五年間で売上も十五倍弱まで伸ばして、その過程で誰も経験したことがないニクソン・ショックも赤字にすることなく通り過ぎてきた。反省すると、そうした実績を積み上げてきたことで、自分も相当な経営手腕を身につけることができたという驕《おご》りが芽生えてきていたのではないかと思う。しかし、今は先行きがまったく読み切れない。

ここまで落ち込んだ状態のままで低成長が始まるのか、あるいはある程度回復してから低成長が始まるのか、まったく予測がつかない。ともかく今の状態を切り抜けられるかどうかさえわからない状態で、経営者としてまったくなっていないといわれても、ただただ頭を下げる以外にない。頑張ってここまで一緒にやってきてくれたみんなには感謝と同時に経営者としての不明をお詫びしたい」

一九七一年（昭和46）八月、アメリカはそれまでの兌換紙幣発行を止めました。そしてそれまで一ドル三六〇円の固定相場制であった日本円に対し、変動相場制に移行するよう圧力をかけてきました。いわゆるニクソン・ショックです。円は二〇パーセント近く切り上がることになります。その時も私は、生産性の向上と経費の削減に全力を挙げさせ、正攻法で難なく正面突破し赤字決算にすることはありませんでした。通常で経常利益三パーセントを目標に操業している企業にとって、輸出価格を十数パーセント切り下げて、尚かつ利益を確保することは並大抵のことではありません。それを難なく突破できたのですから、私自身は相当自信を持った。さらに、十五年間で売上を十五倍前後伸ばして、その過程での七〇〇〇万円の倒産被害（不渡り）も乗り越えてきたという実績も自信になっていました。

しかし、世界的な事情で日本の中小企業まで仕事が半分以下になり、その先も読めないという事態は、日本人には初めての経験と言ってよいでしょう。私はつづけて、次のように正直に話したのです。

「今の状況に対処するため、皆さんには誠に申し訳ないが二〇パーセントの希望退職を募集させてもらいたい。それでこの危機を乗り切れるのかもわからない。ともかく、いったん縮小して対応をみるためという以外に説明のしようがない。何名ぐらい人員削減すればいいのかというと、これもわからない。何もかもわからないというなかで、とにかく人員削減しなければならない、本当に申し訳ない」

まったくそう言う以外になかったのです。

組合から逆提案を受け、全社学習をつづけるが

労働組合の方から団体交渉の申し入れがあり、そこで組合側から逆提案が提出されました。

「大変な事態に入っているということだけは実感できる。しかし、そのたびに労働者がクビになるとい

うのでは、たまったものではない。労働組合としては、人員削減に応じるわけにはいかないけれども、しかし事態が事態だから、共働きの女子については、その夫が自社であるか他社であるかの区別なく賃金を一律三〇パーセント、独身者は二〇パーセント、一般世帯主は二〇パーセントのカットを一月から実施して貰いたい。その上で世界情勢の先行きや日本経済、家電業界等の今後について全社学習会を行い、一定の結論が見えた段階で会社提案の希望退職募集の是非について団体交渉に入りたい」というのが逆提案の大要でした。それだけの賃金カットを行えば、その総額は希望退職者二十名分の賃金にほぼ匹敵するはずだから、じっくり議論ができるのではないかというのが組合側の言い分でした。

それを聞いて創業者社長は「こういうことをいう労働組合があるなど話も聞いたことがない。そこまで言ってくれる社員にそんな負担をかけるわけにはいかない。専務、なんとかいろいろ考えて少しでもいい方法を考えてくれ」と涙声になって私に言いました。前述のように、会社は一九六五年（昭和40）に七〇〇〇万円の不渡りを受け私は起死回生に全力を挙げましたが、当面する危機を切り抜けた三年後に、実質的に経営の責任を持たねばならないという理由で代表権を持つ専務取締役になっていました。

しかし、創業者社長にいわれても、即効的な名案など浮かぶはずもありません。労働組合の提案に対し、創業者社長の意向も説明した上で、役員は一律三〇パーセント、一般社員は部課長も含めて一律一〇パーセントカットで協力してもらいたい。学習会は組合提案どおり実施していこうと回答、実施しました。

しかし、売上高下降は止まりませんでした。翌七五年一月に入ると月商が八〇〇〇万円を割り込むほどになりました。素材は三カ月前に新日鉄に発注しますから、前年の十月には予想がつき始めていましたが、あまりの数字に信じきれないところがありました。決算期は二月でしたから、いつもなら一月には新年度の経営計画が固まっている時ですが、この時は方針すら出せませんでした。

学習会が始まりました。世界情勢から日本の今後について、私自身多くの情報とデータ、研究者の論考などを読み、自分の考えもプラスして学習会の冒頭で報告し議論を重ねました。学習会は延々と続きとうとう七月に入ってしまいましたが、結論らしきものは見えてきません。緊急受注品対応は別として、設備稼働日数を減らし、職場単位での情勢学習会や、安全講習、生産技術の強化学習会、基礎技術の再研修など様々なことに取り組みましたが、肝心な今後の体制については依然として私自身が読み切れないし、したがって、決断もできないという状況にありました。

メーカーにとって、作れば売れるという時には、極端な言い方をすると、どんなに値段が下がっても平気です。作れば売れるのであれば、量をたくさん作る、いかに生産性を上げるかだけに集中すれば済む。生産性向上に専念すれば利益が出せるのでしたら、こんな簡単なことはない。しかし、作っても売れない。これしか売れない。これだけしか売れないなかで利益を出す作り方をしろと言われた時に、どうしたらいいのか。いかに生産性を上げればいいかということに集中して、それだけやっておれば乗り越えられる危機というのは、危機ではない。そんなものは、メーカーにとって当たり前の仕事です。とにかく低成長経済というのはどんなものか。そのなかで、特にメーカーは、どう生きなければならないのか。もしこのまま需要が奈落の底に陥った状態で、今までの何分の一かの需要しかない、それしか作れないよというなかで、それでも再建するとしたら、どうしたらいいのか。とにかく描けなかったのです。

従来のワクにとらわれていた自分に気づく

ところが人間というのは不思議な動物で、七月に入ったある日、その年の二月ごろ、日本経済新聞の「私の履歴書」が松下幸之助さんであり、そこにこんなことが書かれていたのを思い出したのです。

「経営者の中には、晴れた日が得意な人、風の強い日が得意な人がいる。ところが、そういう人の中には雨の日には弱く、風のない日に弱い人がいるものだ。それは天気にこだわっているからだ。経営者というのは、そういうことにこだわりを持ってはいけない。どんな天気であっても、経営は進められていかなければならない。そのためには条件に対するこだわりを持ってはいけない」

言葉や意味はもう私流に変わっているかもしれません。ともかく、私はそこで転機を得たのです。私が半年以上にわたって閉塞状態にあるのは明らかに、従来の仕事そのものの需要量が増えるのか増えないのかの一点に何時《いつ》の間にかこだわっていたということです。そこをはずせば多様な対応があるはずだと気がついたのです。

三月一日から始まった新年度に向けてまったく経営計画を立てられなかった自分が、経営者としていかに未熟であるか、幼稚であるかということをつくづく思い知らされました。そこで、当時は百名ちょっとなのですが、全員と個人面談を行いました。いま何を考えているか、どんなことを思っているか、願っているか。自分ではこう思うということが何かないかというので、全員と個人面談したわけです。同時に、個人面談が全部終わったところで、それまで掲げていた二〇パーセントの希望退職募集の撤回を決断しました。それが八月の初めのことです。

労働組合にすぐ通告するとともに撤回の意味を説明するための団体交渉も申し入れました。本業の需要が回復しないならそれも止むを得ない。それならそれであらゆる可能性をみんなで考えていこう。随分遠回りさせて申し訳なかったと、この時も自分の未熟さを詫びました。

「このようなつらい思いを社員にさせてはいけない」

ところが翌日、労働組合の委員長はじめ書記長など三役が、何通かの封筒を持って私のところにきました。希望退職者の退職願だというのです。開けてみると、きっちり二〇パーセントにあたる人数の退職願でした。委員長のいうには、「昨日の専務の話は、やり方、考え方として納得いくものであったが、何かに取り組み始めても実効があがっていくには時間がかかる。経営状態の悪化を少しでも少なくするために協力したいという自発的な退職願です」と、私の目をじっと見ながら言葉を切りました。

言いようのない強い感動と身体の底から突き上げてくるような責任感で身体が震えました。普段なら夏のボーナスを支給し終わっている時期でしたが、その時はさすがに遅れていました。私は前年の半額で妥結していた金額に、全員に一律三万円を上乗せしました。そして、これは理由のつかない上乗せだから、理由は聞かずに受け取ってくれと話しました。

七月の終わりには、いろいろ考えた末に、翌年三月に始まる新年度の基本方針を「逆風をもって徳とす」と発表し、当面何に取り組むかの議論とともに、新年度基本方針の意味を十分読み取って各部門での計画素案の検討を始めるよう指示していました。

八月の十日過ぎ夏休みに入る前夜、退職者を送る会が工場内食堂で全社員参加で行われました。最後に、退職者全員約二十名が前列に並び一人ひとりに花束が送られたあと、送る会開催のお礼と退職にあたっての言葉を述べる場面になりました。私にも前に出てくださいと退職者代表が言いました。

厳しい顔つきに変わった退職者代表が、私の目をじっと見ながら訥々と話し始めました。全社員参加で盛大な送る会を開催してもらったこと、花束、そして多額な餞別まで貰ったことのお礼の言葉で始まりました。あとで聞いたのですが、ボーナスに上乗せした三万円を残る側全員が餞別として出したということでした。そこまで言って、こちらへ来てくださいというのです。そして、大振りの菓子箱三つ分くらいの大きさの箱を手渡されました。開けてみると、ステンレスの灰皿が二〜三十個入っていました。私が中から一つ取り出してみんなに見えるようかざすと、退職者代表はそれを待っていたように言葉を続けました。

「私たちはこの会社が好きです。仲間も好きです。だから、ずっとみんなと一緒に働きたいと思っていました。しかし、半年以上職場討議や学習会で勉強し、日本はもちろんのこと世界中が大変な状況になっていること、そして、このあとどうなるか、本当に難しい状況であることもよくわかりました。ですから、会社を退めても何とか暮らしていけそうなわれわれが身を引くことにしました。誰からも強制されていません。みんなそれぞれ自分の意志で決めたことです」

ここまで言うと彼も言葉を詰まらせ、しかし、気を入れ直したように顔を上げて言いました。

「専務、私たちは辞めたくて、辞めていくのではありません。残る者のくらしを守るために会社を残さなければならないと判断したのです。われわれの気持ちをこの灰皿に残します。専務がこの灰皿を使うたびに、辞めていくわれわれの顔を思い出してください。そして、二度とこのようなつらい思いを社員にさせてはいけないと思い出してください」

彼はここまで話すのが精一杯でした。当時の私は一日八十本以上タバコを吸うヘビースモーカーでした。そのことは社員みんなが知っていました。今でも、この時を思い出すと涙を抑えきれないことがよくあります。つらく、そして、より大きな目的を持って頑張らなければと自分に誓った一瞬でもありました。

二、「逆風をもって徳とす」——社内失業者を生み出す

「出稼ぎ」と「社内失業者」

翌日から、当面の具体的な対応をどうするのかという議論と、新年度の取り組み内容の詰めにさらに拍車をかけました。二つの課題が出てきました。出稼ぎと社内失業者の計画的創出です。「出稼ぎ」は、社員の中から出てきた現実的な対応案でした。「社内失業者」は私から提案しました。

総需要抑制政策によって、当面一時的に国内需要が激減しただけではなく、仮に多少回復したとしても長期的には二つの理由から国内需要が減少の道を辿るであろうというのが社内討議の結論でした。一つは、対米摩擦を避けるためと、より安い大量の労働力を求めてわれわれの直接の顧客である家電メーカーが、今後一層海外シフトを強めていき、国内需要の減少は避けられないだろうという見方でした。もう一つは、技術管理部の討議から出てきました。回路技術の高まりで、われわれの主要製品である電磁鉄心が、より小型のタイプに、あるいは、変成器や変圧器を使わない設計が進むのではないかという見方でした。いずれも当社主力製品の国内需要の減少につながる要因と考えられました。

社員から出た「出稼ぎ」という議論は、中・長期的な対応案の検討には時間がかかる、したがって、当

面の危機をしのぐ方法として出されたものでした。従来分野が激減しているのだから、そこへ価格勝負で営業的に頑張っても、中小企業同士のいのちを縮め合う争いにしかならないであろう。それよりは、ともかく食える仕事のあるところへ出稼ぎに行こうというものでした。

自分たちが積極的に出稼ぎに行ってでも企業を守り抜きたいという社員の強い気持ちと受け取りましたので、私は敢えてこれを当面の対応案として具体的な方針の中にすえました。社員が自分たちの議論の中で考え、自分たち自身が納得して決意したことほど強いものはないのです。私は、みんながそれほど強く決意したのならやってみるかと受けて立ちました。このことがどのように展開したのかは後にみるとして、ここではまず「社内失業者を出す——逆風をもって徳とす」とはどういうことかから説明します。

社内失業をつくる

翌年三月に始まる新年度経営計画づくりで、私の出した基本方針は「逆風を以て徳とす」ということは前述しました。説明も充分したつもりでしたが、方針を出した翌月、八月の部課長会議に出てきた各部の第一次案は、軒並み縮小均衡に向かう内容でした。私は「これは私が掲げた基本方針に対し五〇パーセントしか応えていない」と言って全部門に第一次計画案を突っ返しました。

何故、「徳とす」といったのか、もう一度考えようと話しました。逆風が強く船が転覆する危険性があるので、帆を絞ろうというだけなら徳とは表現しない。向かい風なのに、順風と同じように風力を使う対応を発見でき、しかも実際にその力を利用できたら、その時こそ逆風に感謝すべき徳があったということになるのではないかと説明したのです。もっと具体的にいうと、現在よりもさらに損益分岐点を下げる努力をして、同時に、その損益分岐点が下がった状態で最大生産能力と販売額を今までより大きくすることができないか。わかりやすい形でいえば、社内全部門それぞれが具体的に何名の社内失業者を生み出すことができるかの取り組みということになると言いました。

当社主力製品の国内需要が長期的には減少するという見通しの中で、まず取り組まなければならないのは合理化です。しかし、作れば売れる、売れれば儲かるという時代ではない。ということは、今までのように、ただ進めていけばという意味での合理化ではなくて、社内失業（人員余剰）を生み出すよう、今まで以上に徹底して合理化に取り組め。同時に、新分野を研究し、取り組んでいこうじゃないか。新分野といっても何をやったらいいか。周辺部門、関連部門でいろいろあるが、いちばん簡単にできるのは出稼ぎである。新たに設備投資をする必要もなければ、とにかく体だけ持っていけばいいわけだから。

つまり、社内失業者を具体的に何人出すかというための、より具体的な合理化に取り組む。そしてその社内失業者の一群は、新しい仕事、本体の仕事と関係なく自立できる仕事など、要はめしの種探しと、その仕事の展開にあたろう。同時に、社内失業者のもう一群はさらに合理化に取り組む。そうしたら、合理化はもっと進む。その合理化によって、また社内失業者が増える。半分は新分野へ、半分はさらに合理化に取り組む。この循環しかないだろう――ということです。

この循環をつくり出せたら、その途中でもしも幸せなことに突然の需要にぶつかった場合には、臨時的に本来の生産部門要員として力を発揮できることになるだろう。そうしたやり方を毎年継続して取り組むことが普通になれば、需要が落ち込んだ時にも充分耐えることができ、突然需要が増えた時にもチャンスを逃がすことなく対応できることになる。そういう体質が確立できるとすれば、そういう発想を与えてくれた逆風に感謝すべきであるし、われわれを磨いてくれたのは逆風が徳を持っているからだと解釈できるのではないか、と付け加えたのです。

こうして、部課長に係長も加えて、自部門での具体的課題洗い出しに全力を挙げ、係長は部下の力を結集して具体的詰めに懸命な努力をつづけました。十月、十一月とつづけられた取り組みで、十二月の部課長会議ではほぼ形が見えるほどになったので、一月の部課長会議で確定しようとみんなの努力に感謝し、励ましの言葉でこの年を締めくくりました。

さらなるコストダウンを上乗せして

一九七六年（昭和51）の年が明けました。新年の挨拶で、私はまた新しい課題を全社に提示しました。翌年一月一日から完全週休二日制を実施しようということでした。そのためにはこの一月に確定予定の新年度計画に、さらに一三パーセントのコストダウンの上乗せが必要という内容でした。

一三パーセントというのは、公共料金の値上がりと諸物価の値上がりで会社経営の負担が増加することに対応するためと、それを上回り実質的な賃金増を達成するための原資の獲得、週休二日を実現することによる稼働時間減少をカバーするためなどを合算した数値でした。それを九月までに計画を詰め、十月には実際に実現して、余裕を持って一九七七年一月一日の完全週休二日制実施を迎えようと呼びかけました。

これには、さすがに当社の労働組合も、取り組みのピッチが早すぎる、時期を延期してもらいたいと反対してきました。しかし、休日増加は世界の趨勢で、中小企業といえども長期には避けて通れないと断固として譲りませんでした。

こうして三月、当社の新年度である昭和五十一年度経営計画がスタートし、さらにそれに一三パーセント上乗せするコストダウンの取り組みが開始することになりました。

たまたまに助けられたに過ぎないのではないか

世の中というのは、読んでも読んでも読み切れないことがあるものです。この時は幸運の女神がわが社に微笑みを見せてくれたのだと思います。わが社の新年度方針に合わせるようにアメリカが建国二〇〇周年ということで、まさに突然テレビを主体にオーディオ関係まで爆発的に売れだしたのです。家電各社は干天の慈雨とばかりに増産体制に入りましたが、部品メーカーはほとんど縮小均衡をめざしやっと体制を整えたという状態で、わが社の同業者も同じ状況にありましたから、増産要求に応えられるのはわが社だけだったのです。石油ショック前の月商二億五〇〇〇万円の体制から二十名（ほぼ二〇パーセント）の社員が減っている状態で、この年九月と十月のピークには、月商三億五〇〇〇万円を超しました。

しかし、一度失敗していますから、これはどういうことなのか。果たしてこれが、全天候型の経営体質の確立ということなのかという問いかけを、労使全体でやりました。全天候型の経営体質ができたから伸びたのではなくて、結局、メーカーのいちばん得意な合理化を進めたことと、たまたま需要が突発的に出てきたこととが結びついた結果にしかすぎない。もし需要の低迷がもっとずっと続いていたとしたら、果たしてこういう結果を得ることができたかどうかという反省をしたわけです。

つまり、この合理化をもうひとつ見ますと、この時の設備稼動率は三〇パーセント程度でした。設備総体は変えないで間断なく合理化を進めていくものですから、同じ生産量ですと稼動率は下がります。七六年十月に三億五〇〇〇万円の生産販売をしたときに、最高の設備稼動率を示すのですが、その時ですら六二パーセントでした。三〇パーセント強ぐらいで採算ベースにのるという状態でした。ですから、損益分岐点をいかに下げるかという努力と、同じ体制でいかに生産トータルを上げるかです。

これは、対応の範囲を広げるという合理化です。一方では、社内失業者をいかにつくり出すか。社内失業者というのは、はっきりいえば社内余剰人員ということですが、「社内失業者を出せ」そういう言葉を使って私がみんなに言うものですから、社内失業者という言葉がちゃんと社内で生きつづけました。

三、「出稼ぎ」に行く――当面の対応から体質改善へ

台湾企業から大手商社との提携へ

さて、「出稼ぎ」についてですが、実際の収入があがるまでの一定の期間はしのげるような準備は、長い間に一歩ずつ蓄えてきていました。私は、ある意味でチャンスと受け止めました。まず台湾に照準を当てました。日本の家電メーカーが大挙して進出し始め、台湾在住の華僑企業人の中に、家電関連の仕事の将来性に目を付け始めた人たちがいることを情報として掴んでいました。資金も潤沢に持ち、企業家としても優れたセンスの彼らは正攻法を選ぶ。したがって、パートナーにはその業界のトップまたはそれに準ずる企業を選ぶ傾向がある。当方には、その資格は十分にあると私は考えていたのです。

私がパートナーに選んだのは、台湾資生堂のオーナーでした。戦前、日本の大学を卒業し、日本の資生堂に勤務して然るべき地位まで昇進し、戦後、日本の資生堂からライセンスと主要原料の供給を受けて、台湾のトップ化粧品メーカーとして君臨していました。しかもそれに甘んずることなく、東南アジアや中近東への販売ライセンスも日本資生堂と協議したり、中国本土への進出を模索したり、一方で、アメリカのカリフォルニア州で朝鮮人参や烏龍茶の栽培を手がけるなど、根っからの事業家センスの持ち主であることと、何よりも人柄がよく信頼できると感じたからでした。家電関連分野にも関心を持っていると側近から打診があったのです。

技術提携をして、工場設計、設備計画と設備メーカーの選定、加工用金型は全量T社製とする、操業までの指導料をロイヤリティとして別に定め、操業後は技術員を常駐派遣して操業指導と技術指導を行い、工場生産額の三パーセントをテクニカルフィー（技術指導料）としていただくという契約をしました。より高額でより質の高い出稼ぎの実現です。

もう一つ、日商岩井とも技術提携の話を進めました。貿易商社にとって、ある品種で輸出額トップに立つことは、大きな勲章に匹敵するのです。当時の日商岩井にトップの輸出品はありませんでした。その中で東南アジア向けでは、電磁鋼板の輸出だけがもう少しでトップに立てる有力候補品目でした。それで、どこかに東南アジア向け加工工場を造ってでも輸出量を増やしたいと模索していることがわかりました。

相談相手としては私が一番適任と考えたようですが、私はすでに、三井物産と新日鉄との三社合弁会社を設立して関西・九州・四国等の電磁鉄心需要に対応していましたから、一般には三井物産系と目されていて、土台、相談に乗ってくれるはずがないと考えたようです。それで、新日鉄の輸出担当役員に持ちかけたところ、「赤石は、あまりそういうことにこだわらない人間だから、むしろ、東南アジア経済振興に寄与したいという側面から相談してみたらとサゼッションを受けた」と言って飛び込んできたのです。

私は、シンガポールを拠点にして、地元はもちろん、マレーシア、インドネシア、タイ、さらに、中国の深特区工業団地の需要まで視野に入れた工場設立を提案しました。条件は台湾の場合とまったく同じです。数年後にはマレーシアの需要が急拡大したのと、日本の家電メーカーによる冷蔵庫やクーラー等を含めた冷凍機関連用モーター生産工場がセランゴール州の工業団地に軒を並べ、それへ対応するための新会社と工場の設立、さらに、ペナン地区での家電メーカーの集中に対応するための新会社設立と工場建設へとつながりました。そのプロセスで日商岩井が、念願だった東南アジア地域向け電磁鋼板輸出で商社のトップになったのは予想どおりでした。したがって、日商岩井からは大変感謝されながら、実は、こちらとしては「高級出稼ぎ」を実現させていたのです。

また、こうした実績が積みあがることによって、新日鉄が世界に冠たる技術商品として供給している電磁鋼板加工工場などで、たとえば、ブルガリアの国営モーター生産工場とか、インドのモーター生産企業等で加工トラブルが発生すると、新日鉄からの依頼を受けてトラブル原因の調査とか、一定期間の技術指導等を依頼されるようになりました。

全社学習会での太平洋戦争の学びを生かして

そうした展開への糸口になった台湾との最初の契約交渉をしている二〜三カ月の間に、毎週一回二時間の学習会を二カ月たっぷり実施しました。何をやったのかと言いますと、太平洋戦争のとき旧日本軍が、東南アジアでどんなことをやったのかを勉強したのです。

何冊かの文献を読みあったのですが、勉強を進めれば進めるほど、どこの国でも旧日本軍は現地の国民に大変な迷惑をかけた事実を掴みました。それで、「では、われわれはどんな姿勢で、どんな思いを込めて、現地の人と接し、どういう成果を現地にもたらすべきか」などについて議論を深めました。その結果、「現地の人たちとの関係のあり方は、同じ日本人として、太平洋戦争中の軍の行為について心からお詫びする気持ちが大切である。その気持ちにもとづいて、一日も早く技術がしっかり現地に根付くよう、丁寧で心のこもった指導に徹する」ということを誓い合い、第一陣の技術指導員を送り出しました。

そういう姿勢が日常的にしっかりにじみでていたのだろうと思いますが、その後、たとえば台湾からは、ぜひ彼を養子に迎えたいという人がでてきたのだがどうだろうかとか、シンガポールとかマレーシアからは、わが社を定年退職後、現地会社の社員になってもらえないか、などの話が幾つもでてきました。

また、私は四～五カ月に一度くらいの間隔で、現地各社への表敬と派遣している社員の激励を兼ねて巡回しました。そうした折に、現地の人たちから誘いがあって彼らの自宅でご馳走になったとか、釣りに連れて行ってもらったとか、一日おきに決まってバナナやパパイヤなどの果物を持ってきてくれるとかの話を聞かされ、わが社の社員が現地の人たちに心から受け入れられ感謝されていることを感じたものです。

生徒が先生に。先生が生徒に――学習型企業へ成長

技術指導項目は、初期期間には、当然ながらすべての分野に対応しなければならないので、数名のそれぞれ専門分野のエキスパートを派遣します。ある期間を過ぎると、指導スケジュールに従って、特定分野

の者が残ることになるのですが、このことが新たな意味を持つことになりました。

指導する分野は、プレス運転技術、加工用金型取付技術等、主にプレスに関連する分野。金型再研削と組立技術等、金型に関連する分野。加工する原コイル（電磁鋼板）は、厚さが〇・五ミリで幅が一三八〇ミリ、重量は一五～一八トンくらいあるのですが、それを必要な幅、たとえば六〇ミリとか四一ミリなどにしていく仕事がスリッター（連続丸歯剪断機）作業で、この歯を組んでいく仕事も大変技術を要求されますが、このスリッター作業関連分野、などです。

この電磁鋼板は大変ナイーブな性質を持っていて、剪断されたり、打ち抜かれる時のショックで、もともと形成されていた鉄の粒子が細かく破砕されてしまいます。そのままだと、電流が通過するとき、その細かく破砕された鉄の粒子の壁にぶつかって、乱反射して飛び散り、目的地へ辿り着く数が減ってしまいますので、鉄の粒子をもともと持っている性質の大きさまで再結晶させるために、もう一度九〇〇度近くまで昇温させてから、ある温度までゆっくり下げる時間を置いてあげる丁寧な作業工程があります。

熱された鉄が空気に触れると当然酸化してしまいますから、窒素を主成分とし、水素が一定比率で構成されている還元性と呼ばれる雰囲気を維持してあげる必要があるのですが、それを単体ガスで混入しながら使うと大変高いコストになるので、ブタンガスなどを燃焼分解しながら封入していくことになります。連続炉ですから、その操作では機械屋としてベテランである必要があると同時に、質的なコントロールの部分では化学屋として高い知識が要求されます。マレーシアなどでは、原料となるブタンガスやプロパンガスの品質にばらつきがあることが問題でした。ばらつきがあると、燃焼分解のとき、窒素分八六パーセント、水素分一二・五パーセント、その他が一・五パーセントと設定して封入しているつもりが、組成が変わってしまいます。水素の構成比が一五パーセントを超えると爆発の危険性もでてきます。

このようにまったく専門性が違うのですが、初期段階を過ぎ指導スケジュールに沿って特定分野の担当者だけが駐在している時に、駐在員の心を揺さぶるようなことが起きてきました。こちらから派遣される時には、担当分野がどの分野であるかは明確です。しかし、現地の社員にとって、わが社から派遣される指導員はすべてに通じている神様のような存在として受け止められていることがわかってきたのです。私は専門がプレス屋なので、スリッターの不具合についてはわからないとは言えなくなっていったのです。

たとえば当時、わが社関連で連続熱処理炉は、国内三カ所の工場で六基が二十四時間稼働していました。夜中に、マレーシアの駐在員からその時間に炉を操作している担当者のところへ、こういう場合はどうしたら良いのかなどの質問の電話が入ってくるようになったのです。マレーシアにいる駐在員は金型が専門であったりする訳ですから、基本を教えながら緊急事態にも対処させねばならないことになります。

重大な問題を含んでいるような場合には、翌日、専門分野の担当者がすぐ現地に向かうということもままありました。みんな真剣で生き生きした働き振りになりました。その頃から、工場内のあちこちで、今日、A君が先生でB君とC君が生徒になって勉強しているかと思えば、翌日はB君が先生でA君とC君が生徒、その翌日はC君が先生でA君とB君が生徒になっているという光景が随所で見られるようになりました。みんな現地社員の期待に応え、これはわかるけれどこれはわからないと言わないで対処したいという切実な思いで始めていますから、教える方も、教えられる方も真剣そのものでした。

そうなると不思議なことに、社員の日常のあり方や会話の内容まで変わってくるものなんですね。これが学習型企業というものなんだろうなと、私も妙なところで感心させられたものでした。

四、「現状認識の一致」と「集団への忠誠」
――「全天候型経営」の基盤

現状認識の一致、三つの側面

こういう合理化の循環を進めていく上で、大切なことは、現状認識の一致ということです。私どもは自主的自己管理ということを進めてきたわけですが、自主的自己管理は間断なく追求していかなければなりません。精神的なものから質的な問題になってきます。メーカーですと、数量化する必要が出てきます。このとき基準になってくるのが、現状認識の一致という物差しです。「現状認識の一致」ということが前提にならなければ、自主的自己管理というのはまさに精神論に堕してしまいます。

現状認識の一致という点では、私は三つの側面を考えています。ふつう経営者の方に、社内における現状認識の一致は非常に大切だというお話を申し上げますと、そうだそうだ、うちの従業員はうちの企業がいかに苦しいか、さっぱりわかっていない、ということを即座に出されます。それも確かに一致すべき現状認識の対象だと思いますが、私はそれは三つのうちの一つだと思っています。

●働く者の生活レベルの認識を一致させる

第一番目には、そこに働く従業員、労働者が、今の自分の生活レベル、生活実感をどのようにとらえているか。将来の生活はどんなところへ到達したいと考えているか。それがオーバーであれば、オーバーであるということを含めて意思統一されるべきでしょう。

過去の労使団体交渉のなかで、今度カラーテレビを買いたいのでボーナスをもう少し欲しいという声が出て、カラーテレビなんてぜいたくだと言ったことがあります。ところが、今は私どもの従業員の大部分は乗用車で通勤しています。そのために別途に一千坪ほどの駐車場が必要だということはありますが、いま乗用車を持つことがぜいたくだとは私は言いません。ことほどさように、社会環境というのは変わってきます。われわれが主体的に考えて良いか悪いかということとは無関係に、社会的条件は変わってきます。ぜいたくか、ぜいたくでないのか、当然の願望であるのか、そうでないのかという物差しは、社会の変化とともに変わってきます。そういう点で考えますと、働く者が自分自身の現在の生活をどう考えているのか。将来どういう生活を期待し、願望を持っているのかということについて、それがオーバーであればオーバーであるということを含めて、現状認識の一致をすべきだろう。これがまず一つです。

●業界の動向、自社の位置の認識を一致させる

二番目は、いわゆる業界の動向を含めて、そのなかで自分の企業がどんな位置づけにあるのか。技術的にも、企業業績のうえでも、品質のうえでも、業界がどのように動いてきているのか。そのなかで、自分の企業は品質的にどうなのか。あるいは、生産規模的には。技術的には。といったことを、できるだけ正確に現状認識を一致させ、全体が意思統一する。

そういうことがあると、自主的自己管理の目標となる自分自身の物差しが変わってくるわけです。たとえば、おれは昔から旋盤にかけては日本一だと言っても、それがいま通用するか。別に旋盤日本一などと

いう腕は、今は要らない。素人でもスイッチをポンと入れればいいのですから、その人の腕などは全然問題にならない。そういう条件変化を抜きにしては、自主的自己管理は始まりません。

ですから、自主的自己管理の質がどのように変えられていかなければならないか。それには、業界のすう勢がどうなっているのか。そのなかで自分の企業が業績的、品質的、技術的、設備的にどうなのか。そういうことが全体として一致した時に初めて、自主的自己管理の具体的な物差しが形成されてくるものです。変化しなければその物差しは古すぎるということも言えるのではないかとも思います。

現状認識の一致というと、おれのところがいかに苦しいか、うちの従業員はさっぱりわかってくれないとよく言われるのですが、それは業績的にはどうなのかということにしか過ぎないわけです。そのことは、新しい物差しにはならないし、「やる気」の機動力、モチベーションにはなり得ないのです。

●日本と世界の経済情勢、生活様式の変化等の認識を一致させる

第三番目には、世界の経済情勢、政治の動き、技術革新の流れ、生活様式の変化というところまで、幅を広げるべきだと思います。とくに、技術革新の変化、生活様式の変化は、決して見逃してはならない問題だと思います。

自己と仲間と――現状認識の三つの側面

この三つのことが極めて大切です。そのことを基本にしていって初めて、そのためにはどういう勉強をしていかなきゃならないか、どういう努力をしていかなきゃならないか、企業の先行きについてどういう

イメージを広げていかなきゃならないか、ということが出てくるわけです。

自主的自己管理という精神論的な、かつ実践的な側面を片面だとすれば、もう片面は、人間的な誠実さや仲間に対する忠誠を日常的な仕事にどう具体化していくか、ということに必要な現状認識の一致なんです。自分が果たすべき内容が世界のレベルからみてずっと下だとしたら、これは仲間に対して忠誠を果たしていないわけです。世界あるいは日本全体のレベルに対して自分の働き、質的なものがどうなのかということが常に問われなければなりません。

したがって現状認識の一致は、二つの側面を持っています。一つは人間として自らをどう鍛えていくかということと、もう一つは日常における作業内容の具体的な物差しであるということです。

ただし、この議論ばかりやっていたら会社はつぶれてしまいます。仕事をする暇がありませんから。いっぺんに全部できるわけではありませんから、さまざまな機会をどうつくるか。自分自身が経営者としてどれだけ勉強するか。また、社員にも勉強してもらう。そういう問いかけ、そういうチャンスのつくり方、あるいはそういう問題の提起ということが必要になってきます。つまり、現状認識の一致という点で、いま申し上げた三つの分野に分けて、それぞれがそれぞれの立場で勉強し合う必要があるわけです。

現状認識を一致させることによって初めて、経営計画の具体的な問題が出てくるはずです。あるいは、自主的自己管理の数値化、あるいは品質のレベル化というものが、より具体的に鮮明になってくると思います。ですから、これを抜きにしては自主的自己管理ということはお題目になってしまいます。

「集団への忠誠」とは

「集団への忠誠」というなじみの薄い言い方ですが、どういうことかというと、まず一つの側面として、倒産した会社、倒産しそうな会社、特に社長がかなり民主的な思想を持っている会社が倒産しそうになった場合、まず中堅管理者がほぼいなくなります。というのは、うちの会社は社長が労働者にばかり理解があって、何かというと労働者の言うことだけ聞いて、われわれが間にはさまって苦労していることなんか、何にも知らないというわけです。そして、会社が倒産しそうになった時には、疲れ果てていちばん先に辞めてしまうという事態があります。

より具体的にいいますと、中堅管理職というのは経営の基本的な問題を知る機会も多いし、また任務のうえでも、そういう問題を課せられることが多いわけです。とくに、ワンマン社長とか、創業者が圧倒的に発言力を持っているとか、創業者の性格のままに企業がつくられている場合、中堅管理層は、そういう社長の話を聞いて、多少無理だなと思っても、ともかく社長の言うことを実現しようとします。ところが、そういう場合、社員からは、あの野郎、長という肩書きがついたとたんに威張りやがって、社長と同じことを言いやがる、というようなことを言われがちです。社長に言われたことをみんなに伝えて、みんなにやらせなければならないと思うんだけれども、あまり言うと、帰りの焼鳥屋で部下がそんなことを言っているのを耳にしたりする。結局、自分が請け負うかたちで無理してでも頑張ってやっていく。

そういうことが続いて、だんだん全体のコミュニケーションが悪くなり、会社がつぶれるような事態になってくると、そのころには中堅管理職はほとんどくたびれ果てているものですから、つぶれそうになったり、つぶれた時には、中堅管理職がパッといちばん先に退職してしまう。民主的だといわれる経営をしている会社ほど、そういう感じがします。

それで私は「集団への忠誠」ということを皆に強調しているわけです。これは中堅管理層のそのへんの問題をどう解決していくかということから出発したのですが、私は愛社精神とか、社長への忠誠とか、そういうものはまったく要らないと言っています。

なぜなら、私自身にしてもそうですけれども、小さい時に隣の家に住んでいたからということでこの会社へ入りました。しかしふつうは、友達がいるとか、たまたま紹介されたといったようなこと、特にわれわれ中小企業の場合には、地縁、血縁というかたちで集まってきます。自分の生きがいとしてこの職業を選ぶということはないわけです。だとすれば、そんな関係のなかに愛社精神とか社長への忠誠を求めるほうがおかしいのであって、そんなものはまったく要らないということを、私は最初から公言しています。

ただし、人間としてお互いに生き抜いていくという原点に戻った時に、自分と同時に自分の家族というものが大切だろう。どんな人も、自分の家族にみじめな思いをさせたくないという気持ちは、等しく持っているのではないか。そういうことを仲間も思っているということであれば、自分の働きが悪いとか、自分が十分な力を出せないといったことによって、相手の願いを自分の力不足から崩すようなことはしたくないだろう。まさに愛社精神もへったくれも要らないけれども、たまたま同じ釜のめしを食うことになったこの集団については、もし自分が自分の家族を大切にしたいという思いを持つのなら、逆の立場で、自分の責任において相手のそういう思いを壊すことは絶対にしない、そういう忠誠は誓わなければならない。

したがって、たとえば当社においては、たとえばグループリーダーというのは、そのグループの人たちの未来に責任を持つという意味で、その人たちの今日の生活を維持し、未来の生活を保障するために責任を持たなければならない。とすれば、グループリーダーは、多少ミスしようが、多少遅刻しようが、何も言わないでいいのか。楽でいいなと思わせていいのか。こんなことをきちんとリードできないようなやつに、おれの未来を預けていいのかと考えるか、どっちなんだ、と。それは、リーダーの立場からいって、そのグループの構成員に対してどのように評価するかという時にも、まったく同じことがいえます。

いずれにしても当社では、そういうチームなりグループのリーダーはより大きな責任を持つという立場であって、まったく出世ではない。難儀なことだなあといっていますが、それが「集団への忠誠」ということです。ですから、当社の「社員職務遂行の基準」の(5)に、「なにごとにも集団への忠誠心にてらして考え行動します」という表現がありますが、これもそういう歴史のなかでまとめられたものです。

以上、私は次のように考えているわけです。つまり、集団への忠誠には、愛社精神とか社長への忠誠はいらない。企業とは、極めて偶然性の高い関係で一つの集団になっている。だが自分の家族の幸せや安心できる状態を願わない人間はないと思う。とすれば仲間の誰もが同じようなことを思っている。お前が自分の役割を果たす努力をしなければ、仲間にたいしてどういう言い訳をするのか。同時に社長もまた、全体の歯車の中の一つとして集団への忠誠を誓わなければならないと思っているわけです。

五、全社一丸の源泉は労使の信頼関係にある

後にこの体制づくりを、全天候型企業づくりと命名したのです。実は、私は一九八〇年（昭和55）、静岡同友会が設営を担当し焼津市で開催された第八回青年経営者全国交流会で記念講演を行いましたが、そのテーマが「全天候型企業づくり」でした。四十七歳。年のいった青年経営者でした。内容はもちろんここ

で話してきた体験です。

全天候型企業といっても、絶対的な頑健さを永久に保てるものでも、また、一定の形のあるものでもありません。間断なく前進的変化を自ら生み出そうという気風と実践力溢れた企業とでも表現できるでしょうか。ですから、その気風が弱まったり、実践力にかげりが見えたとたん、転落の坂を転げ落ちるリスクが高まります。何においても、間断なく自己を磨き上げる以外に万全への道はないということです。

そして、この私の体験の過程でも、私自身のかなり強い進め方がままあったことに気がつかれたかと思います。それを可能にしたのは、いつの間にか築かれていた労使の強い信頼関係の存在です。やはり、最も基本的な力の源泉は、労使の信頼関係にあると申し上げておかねばなりません。

当時、全国金属に所属する労働組合ができたら企業がつぶれるとまで恐れられていたその労働組合を抱え、一度も赤旗（労働組合旗）一本立てさせることなく、危機に遭遇するたびにますます全社一丸体制を強めながら業界トップにのし上がり、全国の労使関係モデル企業をめざそうとまで労使ともども語りあえたのは、とりもなおさず強い労使の信頼関係があったからだと思っています。信頼関係の構築こそ要であり、それこそ全社一丸体制づくりの基盤になります。そして、そのことの自覚的表明こそ、この体験の直後の一九七五年に中同協でまとめられる「労使見解」精神の大本になっているということです。

（二〇〇九年刊『人間尊重経営を深める ―― 私と自主・民主・連帯　上巻』第3章第2節をもとに、他著作から補足編集）

2章

《つぶれない》会社づくり

バブル崩壊からデフレ不況の中で鍛えあげた財務戦略経営

藤河　次宏

藤河　次宏（ふじかわ　つぐひろ）

一九四六年（昭和21）福岡県に生まれる。一九七六年拓新産業㈱を創立、代表取締役社長を四十二年間務める。二〇一八年同社会長。各種建設資材の販売からレンタル業へ転換。デフレ不況下とくに経営環境の厳しい建設業界にあって四十年間黒字経営を続ける。同友会入会以来の共同求人活動で新卒採用を継続し、有給休暇完全消化、女性社員の育児休暇取得率一〇〇%と、業界の常識を破る「当たり前」を実践。国や県から環境やバリアフリー、男女共同参画など数々の表彰を受ける。

一九八九年福岡同友会入会。理事として共同求人委員長、経営環境委員長を歴任。全国行事をはじめ、支部例会や経営フォーラムで経営体験を報告する。

ここに収録の記録は、二〇〇九年熊本で開催された中同協第三十九回全研（中小企業問題全国研究集会）第三分科会での報告をもとに、岡山全研（一九九九年）、宮崎同友会経営フォーラム（二〇〇四年）、福岡同友会役員研修会（二〇一五年）での報告から補ってまとめたものである。

〈会社概要〉　創立：一九九七年　資本金：四五〇〇万円　従業員：六四名　年商：九億円

業務内容：建設用仮設足場、プレハブ、備品等のレンタル（二〇一八年五月現在）

はじめに——デフレ・建設不況下、「経営を維持し発展させる責任」への道

当社は、建設機材、主に足場パイプを中心に建設会社向けにレンタルしています。30歳で創業し、40歳過ぎてから同友会に入会し、共同求人委員会とバリアフリー委員会を中心に活動してきました。同友会は異業種の会で、例会やフォーラム、全国行事など、経営の生のところも話してもらえます。学ばせてもらえる機会が多い会です。私たち会社のトップは、社員に、もっと勉強しろとか、活性化しろとかいろいろ言いますが、私たち自身が活性化しないといけない。そういう意味で、同友会は非常に刺激を与えてくれる会であると、私なりに活動の中で感じ取ってやってきました。

当社の創業は一九七六年ですが、創業して建設機材の販売をやっていました。当時は建設会社は足場などの建設機材を自社で購入していました。しかし時代の流れで所有から賃貸へと変わっていき、当社もレンタルへと転換しました。商品を揃え、土地や人も増やしていくなかで、本格的に経営をやらないと大変だと思い始めて、同友会に入会しました。ちょうどバブルの頃でした。

当社の経営を変えたのは、入会して二〜三年後にバブルがはじけて、日本経済全体がデフレ不況に陥る事態に直面したからです。特に建設業は公共事業削減の中で典型的な不況業種になりました。毎年毎年、売上が落ちていくのです。そのなかでどうして会社を維持し存続させていくか。どうして売上減でも利益を出していくか。——このことを考えてやってきました。それが「労使見解」に言う「経営を維持し発展させる責任」を果たすための、不況業界に身を置いた私なりの道でした。

それは、今流に言うとキャッシュフローの経営ということですが、私は十年以上前からやっています。それは一方では、同友会での「人を生かす経営」の学びの実践でもあったわけです。本日は当社の財務戦略を中心に、同友会で学んだことをどう社内に落とし込んでいったのかをお話しさせていただきます。

一、成長を前提とせず、いかなる危機にも対応できる企業に
――わが社の財務戦略

私たちの業界は今も不況業種であり、厳しい経営環境に置かれた業界です。売上増が望めないなか、「成長を前提としない」という発想から、財務をしっかりしなければいけないということでやってきました。わが社の財務戦略は三点です。

データをもとに多面的・本質的・長期的に

私は、いつもパソコンの中に、自社のP／L（損益計算書）とB／S（貸借対照表）、それからキャッシュフローの過去のデータを入れています。過去一〇年間と一〇年先くらいまでの事業利益計画表や資金計画表を作り、貸借対照表の予測もやって、当社の財務内容がどのように変わっていくのかを常に見ています。流動比率、固定長期適合率などの計数面で自社の状況をとらえ、点ではなく、流れで見ていきます。

いろいろなことを想定しながら、例えば、今は非常に厳しい状況なので、今期は前年の三〇パーセント、来期は三五パーセントと売上が落ちていくと予想されるときに、設備投資や人件費をどのくらいにしたら

いいか。そうするとだいたい利益をどのくらい出しそうなのか。設備投資をたくさんして、売上も伸ばしていこうと思えば資金繰りはどうなのか。設備投資を多くしすぎれば、資金繰りがおかしくなることもあるわけです。そういうのをデータ化して、シミュレーションを何十通りも出します。

例えば、バブルの頃ですと商品購入だけでも三億くらいあって、それを毎年購入していくのです。今は売上が落ちていますが、それでも四〇〇〇～五〇〇〇万とか、二～三年前でも一億くらいは買っていました。それだけの設備投資をしていく場合、例えば五年返済で借入を起こすと、毎月どれだけ払っていくのかということを出していく。売上がこのくらいないと資金が成り立っていかないとかを考え、一〇年先を見ながらやっていきます。売上と利益と資金のよりベターなバランスをどこで見るかというと、自分が今までにやってきた経験の積み重ねの中で判断しています。

もちろん限界はありますが、シミュレーションすることで見えない部分や目標どおりにいかない部分が見えるようになりました。設備投資する場合も、これだけの売上ではこれだけの資金状態になるから、これくらいしか買えないということで、売上計画を出し直したりしています。そして表や計数をフルに使いながら、どうしたら資金繰りを順調に進めながらやっていけるのか。いかに資金を万全の状態にもっていくかを考えていくのです。

当社の場合は利益が上がるということももちろん大事ですが、資金をどううまくつなげていくのかを最大の重点にしています。基本的にはキャッシュフローでお金がどのくらい残っていくかを常に見ていくわけです。P／Lだけでみると、常に最高増収増益を続けていても、やはり一面的です。お金というのは違う次元で考えないといけない。単純に売上・利益が上がれば資金面でも健全な経営であるとはいえません。

過去のデータの予測が一年経てば実績になっていき、それに、現在の状況・環境の変化が加わってその年の財務戦略が立てられます。この数字を常に見る、予測しながら、自社にとってよりベターな健全な財務がどこにあるのかを見極めながら取り組んでいるわけです。

こういう多面的で本質的で長期的ということを、ものの見方三原則といわれますが、私は一〇年以上前からやっています。こうしたシミュレーションを常にやっておけば、ある程度のことが起きても予測が立っていますから、ゆとりをもって経営に取り組めます。こういう面で、データをもとに財務を把握しておくということは非常に大事だと思っています。

オープンに日常的に──銀行と対等な関係をつくり、折衝力を高める

そして資金繰りですが、われわれのような上場していない会社はどこから資金を持ってくるかというと銀行しかないわけです。しかし、当時、バブルがはじけて、資産デフレを起こしているわけですから、銀行が貸してくれるという甘い考えは持てません。資産デフレのなかで信用力が落ちていますし、銀行も体力が落ちています。そういうなかで、銀行からいつでも必要なときに、できるだけ当社に有利なかたちで資金を調達していくには、銀行と対等な関係を維持する折衝を、日頃からしておかなければいけません。

●将来予測の資料をもとに

そのためには、当然それなりの当社の数字がつかめていないといけません。銀行から将来どういう計画を持っているのかと聞かれたときに、きちんと答えられるようにしておかないといけない。銀行はこの会

社が安定した健全な経営を行っているのか、また将来的にも健全にやっていけるのかを見ているので、そこを当社の考え方で口説き落としていくのです。しかし言葉だけではうまくいかないので裏付けになるものを出さないといけません。それが前項で言ったデータをもとにしたシミュレーションです。

〝私は財務をいつも一〇年先まで予測し、いろいろなシミュレーションをやりながら会社を運営していますよ〟ということを銀行にアピールします。当社はしっかりとした数値をもって、万全の体制でやっているんだぞというパフォーマンスをして銀行を当社のファンにすることは私の役割だと思っています。

●経営指針発表会に呼び、頭取に経営計画書や花束をおくる

それから、当社では同友会に入会してからずっと、経営指針の発表会を行っていて、取引銀行六行のうち、三行の支店長を発表会に呼んでいます。たくさん貸してくれる三行だけです。銀行にとって発表会はびっくりします。若手社員までが、自分の会社のことを全社員の前で発表する。みんなで会社を動かしているというところを見せることになり、銀行にとって〝この会社はすごい〟となります。ですから、指針発表会は、社員のモラルとかトップの将来ビジョンとかをアピールする好材料になります。

さらに、いくつかの銀行の頭取に、簡単な手紙を添えて経営計画書を毎年送っています。返事が直接返ってこなくても、継続は力なり。今では、「そろそろ拓新産業の経営指針発表会ではないか。花輪でも贈っておけ」と頭取から支店長に電話が入ります。支店長はびっくりしますが、頭取から拓新産業の名前が出れば、当然支店としては付き合いやすくなる。また、新しい頭取が就任したら、花束を贈っています。花束を渡すとか経営計画書を送るとか、お金がかかるわけじゃありません。やはり人間ですから、「いや

あ、喜んでました」と支店長が報告してくれます。それを毎年やっていくと、銀行や支店とは良好な関係を持ちながら、しかも交渉はシビアにそして有利に展開できるわけです。

〝持ち駒〟をフル活用する

銀行との付き合いは、融資以外に定期預金があったり、給与振込の窓口であったり、手形とか小切手の割り引きの業務があります。それらは銀行にとっては商品ですが、私たちにとっては「持ち駒」です。あるものはできるだけ活用する。経理は、別々にすると面倒なので一行にしたいかもしれませんが、それでは持ち駒になりません。経理にきちんと説明して、利用・活用していきます。

とにかく、われわれは対等だぞという態度を銀行にきちんと見せていきます。つまり、「持ち駒」をいかに当社にとって一番いい方法で効率よく各銀行に振っていき、その見返りとしてどれだけ各行からお金を引き出すかということなのです。私のところは、メイン銀行なんて鼻からあまり信用しておりません。銀行六行と付き合っていますが、できるだけ競争してもらって、当社と付き合ってもらうために、いろいろなことをやっているわけです。皆さんも商品を仕入れるとき、たくさんの仕入れ先を持って競争させているると思います。銀行だって同じです。メイン銀行がどんな状況でも踏ん張って一〇〇パーセント協力してくれるという保証があれば別ですが、絶対にそんなわけではないのです。

そして、企業が銀行に信頼してもらうにはそれなりの広報活動をして訴えなければなりません。銀行に当社の経営や社員教育や採用活動など、全体的なことを数値を見せながら繰り返し繰り返し話し、徹底的に相手の頭の中に植え付けていくのです。私の仕事はそういうことだと思っています。

手元資金を厚く――リスクマネージメント

財務戦略というのは、リスクマネージメントだと考えています。日頃から準備できるものは準備しておくということです。バブルがはじけたころは、銀行の金融ビッグバンで、銀行も貸し渋り・貸し剝がしとかいろいろ言われていました。そういう状況の中では、手元資金を厚くしていかなければいけないわけです。

バブルがはじけデフレ不況が始まったころから、不況が長引きそうだということで、それまでやっていた手形割引をやめてすべて取立にし、積立預金も増やすようにしました。そうすれば当然運転資金が足りなくなるわけで、足りなくなった分をどんどん借りていって手元資金を厚くする。これから先どうなるかわからないし、売上も伸びそうにないのであれば、借金してもいいから、とにかくたくさん持っておけば、仮に銀行の貸し渋りがあったとしても、何年か食いつぶしができるだろうということです。

それはやはりリスクに対する考え方です。会社というのは、お金が尽きたときに倒産するというところから考えれば、多少、支払利息というものが増えたとしても、銀行がどう変わるかわからないという状況の中では、それなりのリスク負担というのは必要となってきます。

最近は、ちょっと落ち着いてきたので、借入をどんどん減らしています。ピーク時から比べると三分の一になっています。当然借入と預金と一緒に減らしていくわけですから、銀行の支店長が渋ります。支店長には、「あなたのところは支店の成績の話でしょう？　私のところは、そのことで間違えば会社が倒産するかもしれない。次元が違うのだから、そこのところは理解しなさい」とはっきり言いました。支店長も納得してくれました。

私たち主導のもとで財務戦略を立てていく。銀行に引っ張られ、銀行の都合に合わせていたのでは会社は成り立ちません。財務戦略というのは、銀行主導ではなくて、私たち主導で動かなければいけません。早め早めの対応をし、常に自社の財務を何年も先の予測を立てながら、いつ戦略を立て直すのか、変更するのか、いつ銀行と折衝したらいいのかを考える。その対応を日頃からしていくことが大切です。

会社経営していくなかで、リスクマネージメントというのは、万が一のことなど起こらないであろうと考えれば、何もしないで済みます。しかし世の中そうじゃない、リスクというのはあると判断し、どう対処していくか。経営者の考え方によって、それぞれのリスクマネージメントの考え方は出てくると思います。私の考え方が正しいというわけではありません。一つの選択肢であると私は理解しています。

二、売上減でも利益が出せる会社に

――全社でコストダウンを図る仕組みづくり

私どもの業界は、いまだに厳しい状況が続いています。売上は最大時の三〇パーセントダウンで、営業目標は総崩れで、売上を伸ばすことはなかなか望めない業種です。しかし、そういう中でも、経常利益は、五パーセントから一〇パーセントぐらいを維持できています。売上減のなかで利益を出せるのは、コストをいかに減らすか、一般的には人件費とか経費、あるいは設備投資をどのくらい減らすかです。

当社の場合、ほとんどの商品が二〇万円以下の年度内で償却できるものばかりです。全部単年度で償却しています。二億でも三億でも償却しています。早く償却することで経営内容や財務内容をよくしていこうということです。単年度償却をする商品でも実際の耐用年数は一五～三〇年というのがかなりあるので、付加価値は上がります。そういうところで売上が落ちてもなんとか利益を出しているのです。

そういうところも見ていきながら、しかし、何といっても大きいのは人件費です。といっても削減というわけにはいきません。そのとき、生きたのが同友会で学んだ「人を生かす経営」です。経営指針と人材育成です。経営者の夢の実現と社員のやる気をひき出すこと、これは車の両輪なのです。

経営指針作成で社員に全体感を浸透させる

どうやってコストを抑えるかということですが、社員がその辺を自主的に理解してやってくれています。同友会に入会以来、経営指針を軸にして経営をやり続けた結果だと考えています。

初めて経営指針の発表をしたときは、口頭でのみの発表でした。二回目からは文章にしていき、少しずつ幹部に説明していきました。そして、毎年作って浸透させていくなかで、社員が、自分の部署だけではなくて会社の全体感をつかむということができるようになってきました。これが大きかったです。

発表会の中で会社の全体像を公開することで、社員が自分の部署以外のことまで興味を持ってくれる。会社全体の中身を知ることで他部署の考え方、目標、悩みなどを持って仕事をしているのがわかっていき、会社全体の中で自分の立場が認識され、自分の仕事は会社の中でどのように役立ってるかがわかってきます。全体感を持てるようになると会社の効率を主体的に考え、多少各部門間で負担が増えたとしても、「その案を受け入れていきましょう」ということになるのです。

いま、会社がどんな状況であるのか、会社の内容はすべてオープンにしていますから、コストを抑えるにあたっても速いスピードで一生懸命やってくれるようになりました。いろいろなコスト改善――備品をていねいに扱うようになったり、残業しないで済む工夫をしたり、事務所の清掃を外部に頼んでいたものを自分たちでやったり――をしてくれます。台風の後で被害にあったときなど、外部に頼むと四〇〇～五〇〇万円かかったかもしれない工事を自分たちでやり、三〇～四〇万円で済ましたこともあります。それも私の指示でやっているわけではなく、自主的に嫌がらず取り組んでくれています。

また、女性社員は実際やっている事務の仕事以外に、いろいろと役割を分担してもらっています。仕入れ、経費削減、業務改善、営業の回収違算、与信などを、補佐というかたちで手伝ってもらっています。一方、建設関連は忙しいときとの差が激しい。忙しいときに合わせてセンターの要員を確保しているわけではなく、忙しいときはなかなか整備が追いつかないときもあります。そういうときには、交代でセンターでの作業を手伝ってもらっています。会社の〝いま必要なこと〟を理解して一生懸命やってくれます。

経営指針を継続させるためには、当たり前のことを徹底的にやり抜いていくということしかありません。継続は力といいます。頭を悩ませながら自分たちがいろいろ考えてきたこと、計画してきたことが、必ずしもそのとおりにはならないこともあります。しかし、社員にきちんと説明しながら進めていく。われわれトップが社員に対してどれだけ説明できるか、どれだけ会社のいろいろなことに対して答えられるのか。それがきちんとできれば、ある程度社員は納得してくれますし、理解はしてくれると思います。

厳しい時代になればなるほど、私たち自身不安になりますが、社員はもっと不安になっています。経営指針の成文化により、会社の現状がどうだという説明と同時に、三年後五年後はこうだとか、将来をこう考えているということをトップが社員に正しく伝えることが不安解消になっていきます。

ただし、社員にどうやってそういうことをわかってもらうか、自分たちトップの考え方を理解させていくか、それには、社員がわかるようなかたち、わかるような方法で説明しないといけません。聞くだけだと、終わった端《はし》から忘れていきます。無理やり経営計画書を読ませても、子どもに嫌なことを強要してもなかなか身につかないのと同じです。ですから、当社の場合、経営指針発表会では、企画進行、当日の運営もすべて中堅社員にやってもらってきました。今ではさらに若い人たちを巻き込んで、協力させながら、いろいろ工夫しています。

そうやって、いろいろ刺激するようなことをやったりして、変化を持たせないと、何回も言いますように、経営計画は、一部の関心のある人には魅力があるかもわかりませんけれども、一般の社員たちにはなかなかそうは思えません。その人たちにどうやって関心を持ってもらって、関わる気を起こさせるか。それが社員のモチベーションにつながるわけで、それを大事にしないといけないと思っています。

今では新人も含め、全社員が何らかのかたちで、自分の一年間の活動、新年度の抱負や目標を部門ごとに出し、一つの経営計画書としてまとめています。経営指針成文化は、トップが社員に示すということが一番大事ですが、社員が経営計画を毎年作り直すことによって、自分の会社の将来に自分も関わっていると意識しています。そうなると、会社全体が一つの方向へベクトルが合ってきているなと感じられます。

年間14回の社内研修で、コスト改善や業務の簡素化を討議し実行

年間一四回ほどの社内研修を行っています。営業・総務・管理の部門別、初級・中級・上級・幹部の階層別、また全体を三つぐらいに分けてというかたちで、縦・横・斜めみたいな感じで、テーマをいろいろ

考え、グループ討議をやっています。研修は基本的に就業時間内でやるようにしています。

研修のテーマは経営計画書の中身を検証するわけですが、経営理念とかいうものは抽象的なところもあり社員には馴染みが薄いところもあるので、研修の中では、幹部とか上級者がその人の立場で会社の理念をどう考えているとか、自分の部署では理念を現場でどう生かしているかなどを報告してもらいます。

自分がどういうかたちで業務をやっているか、基本方針と自分の仕事がどの程度沿っているか確認しながら実際のところを報告してもらいます。自分の仕事を振り返る時間となり、方針に沿った仕事の確認の場になります。また、他部門から「このことについてはどうなっているか」というふうにお互いをチェックし、批判し合い、これに応えていく。指摘されることで、やる気を引き起こす動機づけになっています。

社員にはいつも「とにかくお金の出ない方法を考えなさい」と言っています。ですから社員研修でコストダウンを図るためにはどうやったらよいか。それぞれの立場での改善や業務の簡素化を図るにはどうしたらよいのかということを考えさせています。例えば資材センターの舗装や車検を社員に勉強させて自社でやったりしました。また、コストダウンを図ろうということで、総務の方から運動を起こして、項目別に取り組んで、これだけコストダウンできましたということを社内報に出したこともありました。

業務の簡素化ということでは、それぞれ自分の仕事はきちんとやっていると思いますが、外からみるとムダがあるわけです。そういうことも研修の中で、どうやってムダを省いていくかを考えさせています。あるいは三年に一回ぐらいは業務の見直しをして、定期的に話し合いをしています。こういう部分をきちんと取り組めば、随分とコストダウンができます。

基本的には、労働の質を高めていくということです。営業だったら、同業他社よりも、一歩粘り強く頑張ってくる。しかし時間で頑張るなよとは言っています。成果を上げるということと、努力することとは違うということを、社員にしっかり教え込んでいます。努力したら何かものすごく仕事をしたような感じ、あるいは残業したらものすごく自分は会社に貢献しているんだという考え方を持ってしまいます。

例えば残業するとき、みんながいる方が集中して仕事ができ、効率がよいかというと、逆の場合が多い。当社の場合は週に一回「早う帰ろうデー」というのを設け、総務の方からその日は時間内に仕事を終わるように言っています。社員はどうやって時間内にうまく仕事を処理するのかを考えます。新人は先輩や上司から仕事を頼まれると、責任感がありますから、今日きちんと終らせないといけないと思います。しかし、明日でもよい仕事もあるのです。残業や休日出勤をすれば、お金にカウントされるので、決めた人件費以外はできるだけ下げようということでやってきまして、今では残業はなくなりました。

社員の参加意識・意欲の持続を図る――社内委員会と社長質問会

社員とのコミュニケーションを図るということですが、社内の委員会活動を通じて、委員長や副委員長と定期的な意見交換を行うとともに、年一回、社長質問会というのをもって、社員の意欲にこたえていくようにしています。

直接仕事とは関係しない場合もあるのですが、会社と関わりを持ってもらうために、同友会の委員会活動を参考に、社内でも委員会活動をしています。たくさんの委員会があるのですが、ひとつの委員会は六～七名で構成しています。

「Q委員会」は、社員さんから会社のわからないところを、いろいろ出してもらい、会社へ質問をする委員会です。「広報委員会」は、社内へ情報を提供する委員会です。「サークル委員会」は、バレーボール・バドミントン・サッカー・ソフトボールなどの企画を考えて実行していき、楽しい職場づくりをしていこうという委員会です。「教育研修委員会」は、毎月行っている研修のアンケートをとったり、社員さんにどんなテーマを取り上げてもらいたいか情報を集めたりして会社を活性化していく委員会です。

この委員会活動も経営計画書発表会の中で、報告が行われます。このことで二〇代の若い人たちにも、自分たちも「場」づくりに参加しているという意識を持ってもらっているわけです。

そして、社長への質問会を年一回開催しています。「なんでもいいから」と無記名で意見を出してもらいます。60～80件の意見が出てきます。これを私の方でまとめて、全員に案内し、参加者に質問に対して応えていきます。できるところやできないところ、社員が勘違いしているところなどを教えていきます。それを経営にも役立てていきます。こうすることで会社に対する社員さんの不満を解消していくことにつながっていきますし、ここに信頼性が生まれてきます。社長の大事な仕事であると思っています。

われわれの業界は明るい展望というのはなかなか持てません。でもトップの責任として多少法螺《ほら》でも伝えてあげないと社員は不安になります。そういう意味でトップは旗振り役だといわれますけど、社員に対して夢を語ったり、将来のビジョンを伝えることは会社のトップとしての最大の仕事ではないでしょうか。経営指針をきちんと成文化し、毎年、毎年振り返りながら全員に参加させ、一緒に作っていくんだという事実をつみあげていく。この毎年の継続でわれわれトップの考え方に近い社員が一人、二人と増えていくことで大きな力になり、意欲の持続になっていくわけです。ポイントは、社員の意欲をどうつなぎとめていくかです。「給料を上げ続ける」とか刺激は与えることはできますが、それは長続きはしません。

新卒採用の継続で社員のモチベーション向上

同友会に入会以来、ほとんど毎年新卒採用しています。同友会に入会してまもなく参加した共同求人活動ですが、最初は求人難でなかなか学生が集まってくれませんでした。どうやったら若い学生が当社に来てくれるのかいろいろ考え、完全週休二日制や、有給休暇の完全消化に取り組んできました。今では学生がたくさん来てくれます。二～三人の求人に二〇〇人くらいの学生が来ます。

当社は、当初から会社説明を本社でやっており、三月から七月は、しょっちゅう学生が来ています。そうすると、社員が刺激を受けます。「何でうちの会社、学生が来るんだろう。これだけ学生が来るということは、それだけよい会社なんだろう」と、社員の意欲づけになり、モチベーションが上がります。また、毎年新卒で入ってきた社員は、何百人の中からわずか数人選ばれて入ってくるわけですから、非常にモチベーションも高いし、毎年採用をやっていれば、年齢の近い人間が常にいるわけですから、社員同士のモチベーションも高くなり、年齢格差もなくなってきます。

新入社員研修は、社内で年に二回、初級者とフォローアップと両方やっています。この中で会社の考え方や経営理念とは何ぞやとか、幹部とか中堅の先輩社員に自分が理解している思いを話してもらって、少しずつ若手社員にもわかるようなかたちをとっています。研修の一番大きな意味は、会社の考え方とか、報連相であるとか、仕事の進め方とか、繰り返し啓発していくことです。

新卒採用は単に採用ということだけではなく、社員のモチベーションアップにつながっていきます。毎年、後輩が入るということは、先輩社員にとって、これくらい刺激的で緊張感が生まれることはありません。そういう意味では、中小企業でも、できるだけ新卒採用活動に取り組む方がいい。会社を活性化するうえでも意義があると思っています。

三、「一流の中小企業」をめざす

――「耐える」「備える」で力強い会社づくり

結局、「つぶれない会社」とは「力強い会社づくり」ということです。強い会社づくりをしないと、会社は持続できません。強い会社には、「耐える」「備える」「攻める」という三つのキーワードがあると聞いています。耐えるとはコスト削減です。備えるは財務で、攻めるは成長戦略です。しかし、当社は攻めることは捨てています。建設関連でずっと売上は落ちているわけで、今後も売上が伸びることは考えられません。では、収入が減っていくなら出るものを抑えようということで、耐えることに徹底して努力させました。会社はできる限りのことをきちんとやってきたわけですから、社員もきちんとやってくださいということで、社員に徹底的にコスト削減に取り組んでもらいました。

ムダを省くということでは、すべてのお客様に満足していただくという戦略はもうやめています。お客様には失礼になるかもしれませんが、経営計画書の「お客様第一主義」という部分に数年前から補足説明をしています。われわれにとってお客様とは当社が満足いただくサービスをして、その見返りとして正当な料金をいただける方なのです。そういうことである程度の絞り込みをしないといけない。営業の方は当然やりにくいと言いますが、しかしそうすることがつぶれない経営のためであるということで、売上は伸びなくてもいい、設備投資も人員もお客様に対するサービスもこの範囲までしかできませんということを言っています。

私の役割は「備える」です。B／S、将来のキャッシュフローの最大化が一番大事なことです。企業は赤字になっても潰れることはありません。資金がショートしなければ会社は維持できます。潰れるのは銀行が金を貸してくれなくなったとき、キャッシュがなくなったときです。そのために、銀行からどれだけ信用が得られるかが大事です。中小企業でも、赤字だろうが何だろうが、銀行がお金を貸してくれれば潰れることはありません。ですから、私はずっと対銀行とのかかわりを最重要にやってきました。

売上は落ちていましたけれども、企業は人だと、人を育てることが大事なんだと、同友会を信じてやってきました。人が育つには何年間もかかりますから、その間の運転資金は、私が一生懸命財務をやって、銀行が貸してくれれば、企業は維持できるわけです。

大事なのは続けることです。続けることが大事です。コスト削減でも何でもそうです。コスト削減にノウハウなんてない、やり続けるしかないと、ある経営者が言っていましたが、何でもそうです。経営発表会だって、やり続けるなかでいろいろ工夫したり、同友会で学んだりするのです。同友会でいろいろ学んだことをどうやって社内に落とし込むか。「たられば」を言っても仕方がない。会社の規模が違うとか、業種が違うとか、社風が違うとか、「たられば」を言えば何もできません。そういうなかで自社ではどういうふうにやれるかをずっと考える。これだけを私はやってきました。

「一流の中小企業をめざす」ということを当社の入社案内の表紙に書いています。これは同友会の『共に育つ』の中にあります。

私が一番印象に残っているのは、㈱タダノの経営理念の「その企業が持つ、相反する合理性と人間性をどう調和させていくのか」ということです。利益を出さないといけないということで厳しい部分もありますが、社員の幸せとどのようにバランスをとっていくのかということです。

学生に当社が魅力ある企業と思ってもらうにはどうしたらよいのかということをずっと考えてきました。「会社が儲かって安定したら待遇を改善します」ではだめなのです。未来工業の山田相談役が言われた言葉に「社員の不満を、少しずつ減らしていくことが社員満足につながる」とあります。これが私の頭の中にこびりついています。休みを増やすなど少しでも不満を減らしたり、環境が厳しくなっていくなかでどうすれば社員を安心させるかなど、社員の不安を解消してやるように常々考えてやっています。

会社としては社員の待遇改善と賃金も上げながら、会社の利益とのバランスを図らねばならない。社員には「研修や福利厚生など、いろいろな機会は公平に与えますので、自分の業務には責任を持ってください」と言っています。会社が求めているのは、何ができるのかという能力なのだということを、社員に理解してもらうことが必要なのです。魅力ある企業にすると同時に、社員にも労働の質を高めてもらいたいのです。そうすることが一流の中小企業をめざすことなんだということを、社員とのコミュニケーションのなかで訴えながら取り組んでいます。

（二〇〇九年中同協第三十九回全研（熊本全研）第三分科会での報告をもとに、岡山全研（一九九九年）等での報告から補足編集）

3章

人は資産なり

リーマン・ショックの苦闘の中で深めた「人が育つ経営」

加藤　明彦

加藤　明彦（かとう　あきひこ）

一九四七年（昭和22）愛知県に生まれる。一九六九年父親が創業した加藤精機に入社。一九八四年同社代表取締役社長に就任。一九九四年社名をエイベックス株式会社に変更。二〇一〇年代表取締役会長。

一九九三年愛知同友会入会。共同求人委員長、名古屋支部長等を歴任、二〇一一年より代表理事、二〇一六年より会長。この間、二〇一六年より中同協副会長、人を生かす経営推進協議会代表を務める。

同社は創業以来の高精度小物切削・研削技術を深め、自動車関連から建設機械部品へと領域を広げる。A／Tバルブでは世界市場の八％を占める。同友会で貪欲に学び、学んだことを素直に実践。経済環境等の外部要因に左右されない「克ち進む経営」をめざし自社の強みを追求。また社員の成長こそ企業発展の原動力と位置づけ、社員の潜在能力が発揮される社風づくりに取り組む。経済産業省「地域未来索引企業」認定（二〇一七年）まで国・自治体より数々の表彰を受ける。

ここに収録の記録は、二〇一二年宮崎同友会同友塾での講演をもとに、二〇一〇年の中同協京都全研等での報告を加えたものに、大幅に加筆・補筆したものである。

〈会社概要〉　創立：一九四九年　資本金：一〇〇〇万円　従業員：三九九名（うちパート一五三名）　年商：七〇・七億円　業務内容：自動車関連部品、建設機械部品製造（高精密・小物切削・研削加工）
（二〇一九年五月現在）

はじめに――同友会と私とリーマン・ショックと

エイベックスと私の同友会20年

テーマが「激動の時代を克服する姿勢」といただいています。私の会社がリーマン・ショックをどんなふうに乗り切ったかというお話をします。その前に私の同友会入会後の二〇年を振り返っておきたいと思います。［図1］従業員と売上変遷のグラフ（次ページ）を見てください。私が同友会に入会したのは一九九三年です。その三年目に共同求人に参加しました。ここで私にとって衝撃的な「人を生かす経営」（労使見解）に出会いました。それからさらに三年経った一九九九年に、中同協・東京総会で「21世紀型企業は『市場創造と人材育成』だ」と学びました。そのあたりから会社の業績がずっと伸びて二〇〇七年度には売上が創業以来最高の二六億円を上げました。

このまま順調に伸びて行くかなと思ったら、まさにリーマン・ショックがあって二〇〇八年の八月くらいから毎月一～二割ずつどんどん仕事が減っていって、二〇〇九年の二月には売上が前年同月比七割減になり、月曜日と火曜日の午前中はなんとか仕事があったけれども、火曜日の昼ごろからすべて休まざるを得ない。まったく機械が動かないという状態になりました。ただ、わが社は決算期が五月なので二〇〇八年の六月から始まっており、前半はまだ良かったので年度売上では一六億円の一〇億円減、二億円近い赤字にとどまりました。二〇〇八年秋から二〇〇九年にかけての売上減がとくに大きかったのです。

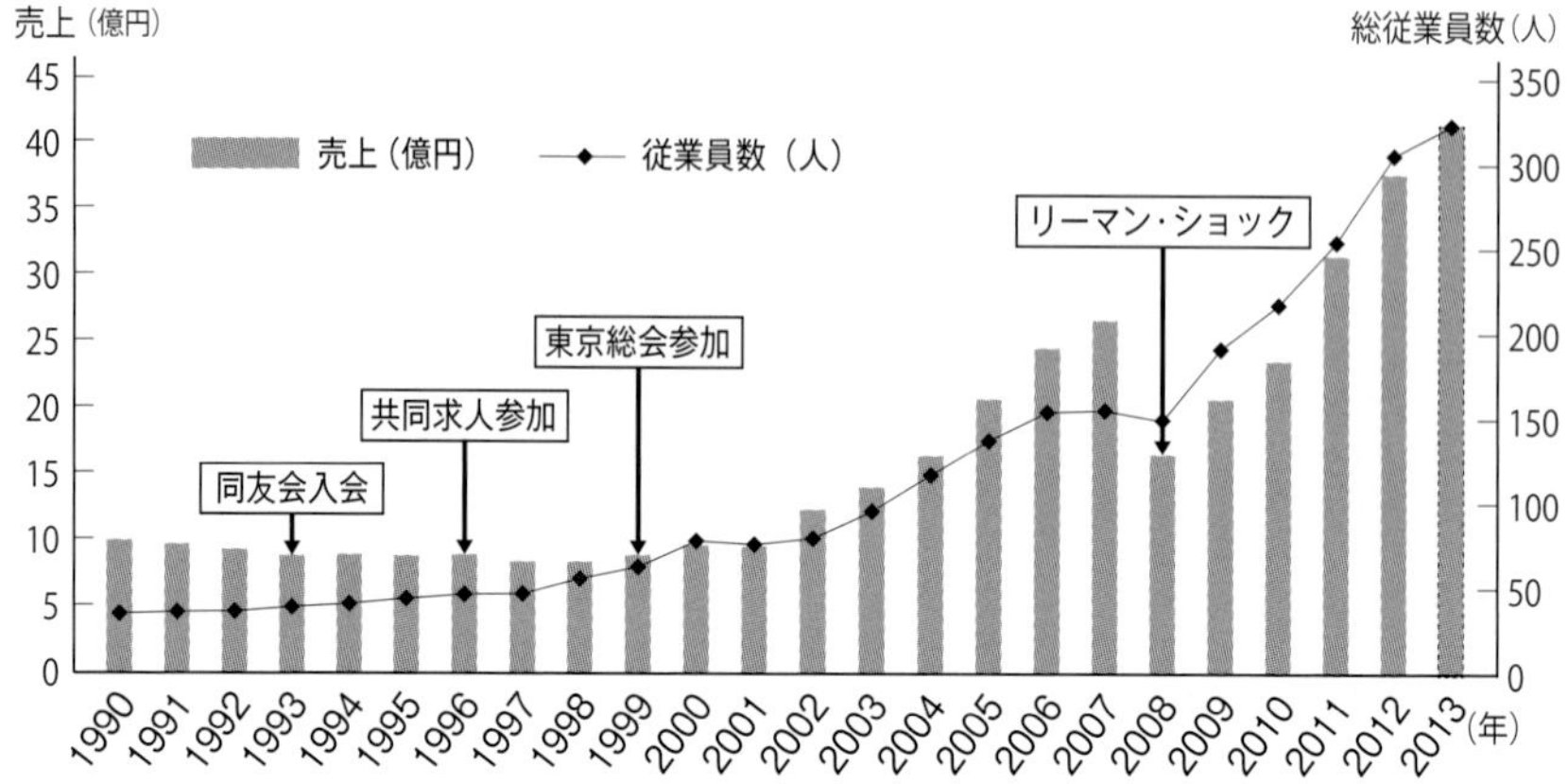

［図１］従業員と売上変遷

しかし、その三年後の二〇一一年度は三二億円を売り上げています。リーマン・ショック後三年で創業以来最高の売上です。その翌年は三六億円に、そして、今期は決算前なので目安ですけれども、四二億円いく見通しです。

私は同友会に入って、その学びの中から共同求人を始めました。初めのうちは採用をしてもなかなか育たなかったのですが、六～七年毎年毎年求人活動をやっていくことによってだんだん入社した社員が力をつけてきて売上に寄与するようになってきました。そして、東京総会に参加して「21世紀型企業づくり――市場創造と人材育成」の学びがあって、その後一〇年、今までの蓄積が実り成果が出てきて急速に伸び売上が二六億円までいきました。そこに、リーマン・ショックが来た。しかし、そのショック後五年で売上四二億円を見通せるまでになってきている。これが同友会に入会してからのエイベックスと私の二〇年の軌跡です。

同友会に徹底的に学んで会社に取り入れた15年

●「お前の会社は必ず潰れる」と言われて

私は入会した当初の四～五年は同友会が言っていることや学び方があまりよく分かりませんでした。しかしその後の一五年間は同友会の言っていることを素直に信じて素直に受け入れようとしてきました。今思い返せば思いの中にいろいろ矛盾がありました。自分自身がやってきた経営と違うことを同友会から言われるので、納得できない思いをしたこともありました。入会して、二～三年のときでしたが、『人を生かす経営』（労使見解）の勉強会があり、経営者は責任を持って社員とパートナーシップの関係をつくるものだと学びました。その後グループ討論に入り、私は「でも、社員は私の言うことを聞いてくれないのです。理想はそうかもしれないけれども、現実はなかなかできない」と発言をしたことがあるのです。

そのとき同友会の先輩の会員さんから、「お前が、会社でどんなことを言っているのか想像してみようか」。「たぶんお前は『お前ら一生懸命働かないと会社は潰れるぞ』『潰れるといけないから一生懸命働け』と言っていないか。結局お前は『会社は必ず潰れる』ということを宣言しているようなものだ」と言われました。僕は潰れないために社員になんとか頑張ってくれないか、このままやっていたら潰れるから、という意味で社員に発破をかけていたつもりでした。そしてさらに発言を続けました。「そんな馬鹿なこと。僕は20年間苦しんできたので同友会に入って今からちゃんと勉強していこうと思っているのに、そんな言い方はないでしょう」と言ったら、「よく考えてみろ。今までどういうことを喋《しゃべ》っていたかわかるか。社員に『これをやらなかったら潰れる』『潰れるからこういうことをやろう』。必ず前か後に『潰れる』と言っている。経営者のお前が『俺のところは潰れる』と言っているのだから、社員はこの会社はいずれ潰れると思い、そのうちやる気をなくしてしまう」「同友会は潰れないためにどうするかということを勉強しているので、そこからスタートしなきゃいけないのに、自分の主義主張ばかりを言っていたら、同友会の学びを深めることができないからダメだよ」。入会して間もないころでしたが、いまだに鮮明に記憶しています。そのアドバイスで目が覚めました。素直になろう。ずばり言ってもらえる先輩がいることに、心強く感じました。

●共同求人で「労使見解」に出会い直す

そして同友会にはまっていくようになったのは、共同求人委員長を受けてからでした。ここで『人を生かす経営』（労使見解）に出会い直したわけです。これが非常に大きな転機となりました。知識では経営者の覚悟が大切だとわかるのですが、でも覚悟してやっているつもりでも本当に腹をくくって会社の中で実践していたかということです。未だにまだだなと思っていますが、それにしても、求同求人との出会いは、私にとって大きかった。会社に足を踏み込んでからの二十数年間、まったく成長しなかった会社と私、共同求人活動を通して、『『労使見解』の実践とは』を勉強したことで、何を苦しんでいたのだろうという振り返りができました。ここでもう一度経営者としての在り方の見直しができました。

●東京総会で「市場創造と人材育成」を学ぶ

次に一九九九年の東京総会での学びです。このときは21世紀型企業づくりをテーマにした分科会に行きました。市場創造と人材育成の二つをしっかりやれば会社は必ず21世紀に発展する会社になるということでした。このとき学んだのは「市場はなくなる」「社員はいなくなる」ということです。

世の中は思うようにならないとつくづく思います。まず、同じ仕事・市場は必ずなくなるということです。かつて当社は、今の自動車部品とはちがう製品を加工しており、それらの仕事が一気になくなるという経験をしています。初代が創業したときに加工をしていた家庭用ミシン部品が昭和四〇年代には全部台湾へ移転、昭和五〇年代には8ミリ映写機の部品加工をしていましたが、これは技術革新によりビデオが販売されるようになり需要がまったくなくなりました。

その後、自動車業界に転換しましたが、ブレーキ関連部品が金属から樹脂に変わり、この仕事もその後二年間でなくなりました。このような経験を経て現在のオートマチックトランスミッションのスプールバルブという製品の加工に落ち着きました。しかし今後も、電気自動車になれば、現在世界シェア八パーセントであろうが、今の市場（仕事）はなくなります。このように何も手を打たなかったら仕事はなくなり、会社は必ず潰れるのです。

二つ目は、社員は必ずいなくなるということです。これは、私の会社が働きにくくて退めていくということではなく、五〇年後に会社から今の社員はいなくなるということです。みんなが毎年、年を取っていくことを、忘れているのですね。ですから後輩を育てるために、毎年継続して雇用や教育をやっていかなければ、そのうち生産活動ができなくなってしまいます。ですから現状に甘んじるのではなく、常に危機感を持つことが大切だと常々社員に言っています。

実は、この東京総会のときに『中同協30年史』が発行されました。『30年史』を読むことによって、あの一九七五年に確立された『人を生かす経営』（労使見解）が、どういう経緯でできてきたかが理解できました。それを読んで吸収して、それを会社で実践してみる。その結果をグループ討論等でお互いに議論することで、経営課題を深めることができる。そのことが経営者にとってとても大事かなと思っています。

『徹底的にパクッて実践する』――TTPということ

最近、私は同友会で「TTP」ということを言っています。「徹底的にパクる」という日本語の頭文字です。これも同友会のいう学びだと考えているのですが、本当に「徹底的にパクる」ってやっているのだろうか。

同友会というのは、先輩方が実際に体験して苦労して乗り切ってきた成果の積み上げが、まとめられて本になったりして伝えられているわけです。それを今一番伝えている人が赤石さんだと思うのです。どこかの評論家の話ではないのです。学んだことを実践し体験をして、ずっと積み上げてきている。じゃあこれを本当に自分の腹に落として、自社に自分の言葉で語っているか。共育ちは共に育つことだよ。経営者と社員が共に学ぶのだよ。ということは言えるでしょう。しかし、それを具体的にどういう形で社員にわかるように語っているか、行動しているかとなると、意外とできていないのではないか。そう思います。

鋤柄中同協会長（当時＝現在相談役幹事）は愛知同友会に戻られると厳しいことを言われるのです。先月の理事会もそうです。「『中小企業家しんぶん』読んだか？」。みんなきょとんとしています。「お前らね、理事の資格ねえぞ」ともうバシッと言われました。「新聞というのは年会費の中に入っているじゃないか」というのですね。年会費の中に入っていて、その会費はほとんどの会社が経費として落としている。会社の金を使うなら、会費に含まれている新聞はすべて読みきって会社の中にちゃんと展開しているか。そうしていないのだったら、社員に「経費を節減しろ」なんて言うな。だって、経営者自らが届いた新聞を見ずに封筒のままゴミ箱に捨てている。これこそ、まったく無駄な経費じゃないか。トップが無駄な経費を使っているようでは、社員もやってもいいかと思ってしまうのではないか。誰も社長の言うことは聞かなくなる。社員はそういうところをよく見ているもんだ。

社員は経営者の背中、とくに経営者が学ぶ姿勢を見ている。「中同協の新聞にこんなことが書いてあったけれども、それを読むとこういうふうに受け取れるので、わが社ではこんなふうにやろうね」という話を日々の中でやっていけば、社員の協力が得られるし会社も変わっていくのではないか。そこを社員は見ているよ。社員は何も言わないけどね。これがコミュニケーションにつながり、信頼関係の第一歩が始まると思う。ということで、中同協の新聞や刊行物をしっかり読みましょう。愛知は「同友Aichi」という機関紙が出ているのでしっかり読むということが、まず基本的な学びの姿勢ということです。ですから、今からの話も私の経営体験の話ですけれども、実は「中小企業家しんぶん」にも書かれているということに気づいている人はここに何人いますか。

こんなことも言われます。「学び方を学ぶのがグループ討論の良さだとか言っているが、報告者の話を聞いて自分の会社と比較し自社の経営課題に気づく学びをしているか。学び方を学ぶという言葉だけを覚えて人に押し付けていないか。こういう人のことを、同友会ごっこをやっていると言うのだぞ」と、実は忘れた頃に、繰り返し鋤柄さんは言われています。ほかの経営者はどう考えているのだろうか。どのように実践をしているのだろうか。どのように同友会で学んで、会社に取り入れているのだろうか。と頭をめぐりまわしているときにハッと気づいたことは、自分だけの知恵で悩んだり考えているより、周りの人の体験を基にヒントをもらい自分の中に吸収して展開すればもっと良い知恵が出るのではと思いました。そこで浮かんできたのが「徹底的にパクる」、わかりやすく「TTP」という言葉にしたのです。実はこれ、社内でも展開しているのです。自分の知恵なんて知れている。社員の力を借りよう。社員がどのように考えているのか、今まで取り込むことがあまりありませんでした。本当は社員の方がお客様に近く、また現場で仕事をしているので、私より相当現場の情報を持っているわけです。

同友会会員の皆さんから、また、社員さんから徹底的にパクって理解して腹に落としてフィードバックしていく。こういうことがとっても大事ではないかと思います。

「逆風をもって徳とす」をそのままやってきた

今から思うと、このリーマン・ショックがなかったら、現在のような四〇億円を超えるような売上になってこなかったと思います。たぶん、三〇億円前後の売上で推移しているのではと思います。

結局、私どもはリーマン・ショックをビジネスチャンスにしたわけです。はっきりと言います。それも同友会のおかげです。リーマン・ショックを受けて急に何か手を打ったから良くなったかというと、実はそうではなくて、日ごろから同友会で学び実践してきたこと、特に経営指針に基づく経営をコツコツやってきた。その結果が、仕事が暇になったときにすぐに手が打てたということなのです。そのことができていなかったら、リーマン・ショックで急に暇になって、さあ困ったな、今から何をやろうか、営業どうする、製造どうすると言って考えているうちに、多分半年くらい過ぎたのではないかと思います。まさに時間の有効活用です。

実は、今から思うと「もったいない時間だったよね。今、あの時間があったらこんなことがやれたのにね」という声を聞くことがあります。時間って戻らないのです。当たり前のことなのに意外とそこを忘れているのです。日常の中でコツコツと何を積み上げてきたかということです。経営指針づくりですよね。今だからこそ言えるのですが、やっぱり同友会が言っていることを日頃から素直にコツコツとやることが一番大事なのだということです。

この四年間を振り返ってみると、結果的にということですが、赤石さんの言う「逆風をもって徳とす――全天候型経営」をそのままやってきたんだなということを今、しみじみ思います。

一、突然の売上七割減に直面して
――経営者の責任と姿勢を問い直して

(一) 経営者の責任は雇用を維持することにある

『たら』の話はない。乗り切るために何をやるかだ

それでは、リーマン・ショックのとき、何をしたかです。前にも言ったとおり、二〇〇八年の八月ごろから毎月一割ずつ仕事が減ってきて、いまから思えば二月が底だったのですけれども、もう売上がマイナスになるのではないかと思うぐらい動揺していたときの二〇〇九年の一月に、「どうやってこのリーマン・ショックを乗り切るか」という緊急の勉強会がありました。そのときに報告者として呼ばれたのです。

実はそれまでに報告者として、「『労使見解』の考えを会社で実践したらこのように会社が発展したよ」

という話を偉そうに喋っていたのです。会場に来ると、前のほうの二列には過去に僕の話を聞いた連中ばっかりいるのです。「あんたたち、僕の話を前に聞いているのだから、いまさら聞いてもしょうがないだろう」と言ったら、「いや、違う。今まで加藤さんは『労使見解』を勉強したら会社が発展したという話をやってくれた。自動車業界は、今度は特にドーンと売上が落ちているはずだ。こんなとき、加藤はどういう話をするのだろう」とチェックに来たのでした。厳しい会だなとそのときしみじみ思いました。その当時はまだショックを乗り切っていない最中《さなか》なので、どうなるか僕も自信がなくて分かりませんでしたが、雇用を守りながら、経費を詰めながらも仕事が戻ったときに生産性を上げておくための改善活動をしているという話をしたのです。

一〇〇人くらいしか入れない会場だったので立ち見の人もいました。「『労使見解』という同友会の学びから、必ず雇用を守る」と言っていたのですが、会が終わる段階で、立ち見の人から手が上がって、「加藤さんそういうけれどもね。もしこのまま雇用を守ってなんともならなくて会社が倒産したら、たとえば一〇人社員がいたら結果的には一〇人全員解雇になるのでしょう？　だったら、八人切って二人残しこれで会社が生き残るなら、これも手じゃないですか？　これについてどう思いますか？」と質問があったのです。一瞬、そこまで考えていなかったので、どうやって答えようかなと頭を巡らせていました。

そしてさほど時間を置くことなく、「それは、結果的に潰れたらどうするというのは前提の話であって、『たら』の話だ。とにかく同友会ではきちっと雇用を守って人を大事にすれば必ず維持し、発展すると言っているので、僕は諦めずに改善活動一本で行く。逆に『たら』といったら、改善活動が鈍るのではないか。絶対に雇用を守ると言わないと社員もまた迷うのではないか。だから、つぶれることは前提にせずに、ここをどう乗り切るか。乗り切るためにはどういう改善活動をやるか。乗り切るために何をやるのかだけを考えて進めています」と回答したわけです。これが結果的にオーライだったのです。

とにかく雇用は守る。しかし、私の言うとおり行動しろ

まず、経営者の責任をどう考えるか。『労使見解』の冒頭にもうたわれていますが、責任を取るってどういうことかなと思いながらそれまでもやってきました。そこにリーマン・ショックです。ドーンと業績が落ちました。「経営者の覚悟ってなんだろう」ということを改めて考えました。

リーマン・ショックに直面して仕事がないことに、社員は不安がっているわけです。こっちも心の中ではめちゃめちゃ不安です。さっきも言ったように、売上がマイナスになるのかと思うほど動揺しているのです。でも、「いや、こういうふうに進んでいくから」と乗り切るための方向性を言ってあげないと、と思いました。

まず全員を集めました。二〇〇八年の十一月、売上がほぼ前年同月対比の半分に低減したときです。半分に落ちてしまい、もう完璧に不安がっているわけです。「どうしよう、どうしよう」と言っている段階で全員集めて、「今、不況の真っただ中だけど、とにかく雇用を守る」と言いました。腹の中では本当に守りきれるかどうかはわかりませんでした。少なくとも精神的な不安だけは解消しなくてはいけないなと思ってそれをやりました。

同友会の『人を生かす経営』(労使見解)では、経営の責任はすべて経営者にあって、社員の責任ではない、世の中がどうだろうが、どんな困難があっても経営者には会社を維持・発展させる責任があると言っ

ています。これまでは「社員の潜在能力をどれぐらい引き出すかが、会社の体質強化につながる」と考え、かなりの「責任と権限」を社員に委譲していました。しかし、七割減という非常事態、このまま社員に「責任と権限」を預けっぱなしにするわけにはいきません。全社員を集め、「今まで委譲していた『責任と権限』をすべて社長である私に集中させる。一八〇度違うやり方でびっくりするかもしれないが、この経営危機を乗り切るためには、それしかない。絶対に首切りはしない、雇用は一〇〇パーセント守る。その代わり私の言うことに対して、言葉どおり行動してほしい」と私の覚悟を示しました。

人件費には一切手をつけない

とにかく私としての覚悟は、人件費のほうに目を向けずにそれ以外の費用に全部着眼していこう。「どうしようかな。人件費に手をつけようかな」と思っているとそこに迷いが入る。もし若干でもリストラしたり給料カットをしたりしたって本当に乗り切れるかということです。どっちみち当てがないわけです。だったら、逆の覚悟を決めたほうがいいのではないか。守りきるということにしたほうがいいのではないのか。というので、「人件費には一切手をつけない」という姿勢も貫きました。

賃金カットができなかったのには、社員の家族の顔が浮かんできたということもありました。名古屋はだいたい三〇坪単位の建売で、四〇〇〇万円くらいかかる。私どもは三重県にも工場がありますが、三重のほうは三〇坪単位なんてなくて、五〇坪単位の建売で三〇〇〇万円です。四割くらい安い。三〇〇〇万円ということは、ちょっとだけ自己資金があれば月々六万から七万円のローンを組めば買えることができる。家庭で金のやりくりをして、二〇万円ちょっとボーナス月に払うことができるのならば、僕は持ち家を推奨していました。

やっぱり子どもの情操教育からいっても、野菜一つ、なす・きゅうり一本でもいいから家庭で育てる。新鮮なものが食べられるのもですが、育つことを楽しみにして、成長していく姿を子どもに見せながら、「美味しかったね。大事に食べようね。毎日水やったからこんな美味しいもの食べられるよ」。というのが情操教育じゃないかなと思っているわけです。そういった意味で、資産価値としての家ではなくて、情操的なものがあってもいいのではないか。子どもがすくすく成長してよい子に育ってくれて、社会に出て社会貢献してくれれば親としてはそれで嬉しいじゃないですか。実際、子どもたちにもいいでしょ？ 大きな声出したっていいし、ドンドンするなと言わなくてもいいじゃないですか。私も家を建てるときしばらくマンションを借りていたときに、隣から音が聞こえてくるのです。小さい子どもが暴れてドンドンとやっていると今度は静かにするように子どもに怒っている様子の声が聞こえるのです。子どもも萎縮しちゃっているわけですよ。そういうのを数カ月間経験したので、その思いからも僕は持ち家を勧めていたわけです。

ところで、賃金カットの問題の前に十二月の賞与カットの問題がありました。賞与は利益配分だから赤字になったら払わなくていいだろうという意見もありました。理屈はそうかもしれません。しかし、全部カットしたって会社は回らないぐらい売上減なのです。だったらその賞与分も借りて来る。そのかわり、みんなでその債務を早く返そう。早く利益を上げて早く借り入れを返すことを考えよう。もし、中途半端な状態で、社員が元気なくしたらもっと返済力がつかなくなるのではないかと考えて、前年並みの金額を支給しました。

実は自動車業界で給与を業界全部二割カットしようという話が回ってきたのです。どこかが賃金カットをせずに頑張る会社があって、自分のところは賃金カットをするとなると、社員同士話をして労働意欲が落ちたりやめてしまう可能性があるから、全企業で賃金カット二割やろうということです。そんなことがあったので余計僕は絶対賃金カットやるまいと決意しました。あの頃は今思えば、ばかげた話がいろいろ出ていたのです。

奥さんたちのバックアップがあった!!

そのような状況のある日の夕食のときに女房に話をしました。「もし、会社が行き詰まって来て社員に給与カットしようという決断をせざるを得ないときには、この家（普通の土地付の家ですが）をこのままで生活をしていて社員に給与カットすることは忍びない」。私自身は、すでにもう給料カットはやっていました。だから給料の収入は少ないわけです。女房の顔色を見ながら、どういう反応するかなと。実は家庭は家庭で不安ながら生活をしていたのでした。

「あんた何が言いたいの？」というから、「いや、実は社員の給料カットを言わざるを得ないときには、ちょっとこの家売り払いたいのだわ。その姿を見せれば社員さんも、給与カットしても全部納得してくれるかどうかはわからないけれども、社長もここまで身を削ってやってくれたと思ってくれるのではないか。三畳とか六畳一間のところへ移ったらダメかな」という話をしたのです。そしたら意外と簡単に「いや、どうせ何十年寄り添ったのだから、お父さんあんたの好きなようにしたらいいじゃない？」と言うわけです。「少ないけど、もし必要ならうちにある通帳全部解約したらいいじゃない」。「だけど、今まで買った家財道具六畳に入らんよね。これどうしよう。そうだ。お父さん頑張ってまた家つくってくれるのでしょ」。「でも、そのときにまた買い直すの勿体ないから、ちょっと月六〇〇〇円でうちの近くに一坪借りられるのがあるから、そこに家財道具全部入れて生活だけ六畳に変えようよ」と半分冗談のような、女らしいと言うとこの場に女性もいるので申し訳ないのですが、実は家庭の中でそんな話をやっていたのです。

それと給与カットをしなかったことが結果的に良かったのが、実はなんと社員の奥さんたちがバックアップしてくれていたのでした。当社では年に一度家族会を会社で行っています。両親や子どもに会社に来ていただき、自分の働く職場に家族を案内して自分の職場や仕事の説明をします。その後皆さんで食事会を開催するのですが、そのときにある奥さんから聞かされた話です。町内の井戸端会議で「あたしのところリストラされたのよ。明日から困っています」。これは最悪ですよね。「うち賞与カットされました」。「うち賞与カットされたうえに賃金カットまでされて生活に困っているのですわ」。「お宅は?」と聞かれたときにこの奥さんは、皆さんに申し訳ないので「そうですね、困ったものです」とその場は返事を合わせたそうです。しかしそのとき奥さんは、「こんな良い会社は今時ない」と心から思ったそうです。「お父さん、こんないい会社ないから、しっかりやらんといかんよ」。ということで、毎朝「しっかり働け」と発破かけていたというのです。会社に来ても仕事がなくてその上節電で照明を消しているので物理的にも暗かったけど、気持ちの上では頑張ってやろうという気持ちがすごく働いたのですね。これは金に換えられなかった。一億二億の金がなくなって銀行から借りていたのですが、私にとっても精神的な支えになって、これはめちゃくちゃ大きかったです。

売上がマイナスになるかというくらい動揺したし、ここまで波及するとは思いませんでしたけれども、覚悟を決めたら強いです。その覚悟を決めさせてくれたのは社員です。今だからこそ言えるのですが、私はこれも一つの共育ちだったのかなと勝手に解釈しています。

空いた時間で業務改善活動と研修会

とにかく雇用は守る、人件費には手を出さない、賃金をカットせずにやれることを考えていこうということで、絶壁までとは言いませんが、ある意味での覚悟をしたのですね。その上で、とにかく改善しながら乗り切るということにしました。

今まで忙しくてできなかったことが一杯たまっているからこれを全部やろうじゃないか。そしたら強い会社づくりができるのではないか。過去にやれなかったこといっぱいあるじゃないか。それからメーカーさんとかいろんなところに依頼していたのも、社内でやれたのにも関わらず忙しいがためにできなかったことがある。でも、今はできる時間がある。これらを社内で一生懸命やろう。それだけ技術力も高まるから、やろうよ。

人件費以外の経費に着眼して改善活動を徹底し、この活動を発表する全社員集会も開催しました。業績は落ちましたが、むしろこの改善活動で生産性が上がったことが、リーマン後の新たな受注に対応できる大きな力になっています。

また、私は、経営理念が一人ひとりの社員のものになることこそ本当の共育ちだと思っています。「全員が集まってしっかり討論できるのは今しかない」と、休業補償と教育訓練の助成金を活用して、経営理念浸透研修会を開催しました。この二つのことについては後で詳しく話させてもらいます。

(二) 資金融資――銀行との日常のつき合いが生きた

そうは覚悟したものの、とにかく月に四〇〇〇万円ずつ金がなくなっていったわけです。あっという間に二億という金がなくなって、これはたまらない。しかしどうしようもない。女房がいくら預金通帳おろしてきたってそんなには貯まっていないので、気持ちだけ貰っておくわという話になったのですが、結局は銀行融資に助けられました。結果的に雇用を守るその姿勢にほれ込んでくれた銀行もありました。全然目途がなかったのですが、最後は貸してくれたのです。金利も上げずに。その支店長さんが頑張ってくれました。もちろん支店決済ではとても足らない金額だったので本店稟議にかかりましたが、支店長が本気で本店を口説いてくれたのです。

困ったときに銀行が本当に助けてくれるか。足元を見て、いじめてきた銀行もありましたが、助けてくれる銀行をいかにつくっているかということも、広い意味での経営者の覚悟かなと思っています。

経営指針書の大切さ

今から思うと日頃の銀行さんとの付き合いってすごく大事だなと思っています。一つ目は日常的に、経営指針書とか、経営者の思い入れとか、将来どんなふうに持っていきたいかという話を常にしていました。支店長とはたまにしか話をしませんが、担当者はしょっちゅう来ますので、そういう話をしています。金を貸すときに担当者は稟議書を書かなければいけないのですが、経営指針書と日頃の会話の中で稟議書の元がメモされている。だから、いちいち会社に来なくても稟議書が書けるのです。その状態がつくられているかどうか。さあ金を借りようかとなったとき、「あれどうなっています？　これどうなっています？」って担当者が稟議書を書くためにヒアリングに来るような状況だったら、日頃銀行との付き合いをうまくやっていないということが私の体験から言えます。だから、経営指針書ってすごく大事なんです。

指針書ついでに言っておきますが、このあいだ中部経済産業局の課長さんが、同友会の事務局にお見えになりました。そのとき、「助成金の申請書の書き方がへただ」と言われるのです。助成金の申請書に何を書くかということです。例えばわが社でいうと、スプールバルブという品質的にも非常に精度の高いものを作っています。その関係の設備なので、この助成金くださいと書いてきました。いつも刎《は》ねられていたのです。その原因は、このスプールバルブという新規部品はどこに使われているのかということが書いてあるかがポイントだと言われるのです。アイドリングストップに使われているスプールバルブ部品です。アイドリングストップというのはＣO_2削減に寄与しています。これを加工するための設備投資と言ったら助成金が出たのです。

経営指針書の書き方が悪かったのです。学生に対するアピールも弱かったと思います。こんなに精度の高い製品を作る会社です。と言ってもよくわからないのです、そうではなく、世の中のＣO_2削減に寄与する部品を作っている会社です。社会貢献をしている会社です。学生もどうせ働くなら、社会に貢献できる会社で働こうと考えるのではありませんか。

そういった意味でも経営指針を作成し、運用していくことは、ただ単に自社のために経営指針をまとめるということだけではないと改めて思います。

新年の挨拶も活用

新年の挨拶、銀行にも皆さんも行くでしょう？　今年も宜しくお願いしますと。当然その前に新年初出勤の朝一番は社員全員集めて、今年こんなふうに頑張ろうねという話をしますね。私はそのために書いた原稿をコピーして封筒に入れて、銀行に年始の挨拶にいきます。その封筒を渡しながら「今朝、会社の新年挨拶でこのような話をしてきました。この気持ちで社員と一緒に今年一年一生懸命頑張りますので、今年も継続融資をお願いします」と言うのです

これ一〇年以上続けるとどうなるかというと、支店長さんいわく「加藤さんものすごく助かっとるわ」。「何でですか」。「私が自分で今まで正月までに一生懸命考えて行員に何を言おうかなと思って頭を捻っておったけど、加藤さん必ず持ってきてくれるからこのまま行員に言えばいいもん。俺が考えたとしたっていいだろ？」というから、「それは結構ですよ」。「だから、すごく楽なんだ。俺、正月にしっかり休めるようになったんだわ」。それも実際、関係づくりではないですか。

支払手形なし

支払手形を発行しない。実は私どもの支払いは、億の単位の支払いになってもすべて現金払いというのを心がけていて、これが結果的にリーマン・ショックを乗り越えられた。あのときに手形を発行していたら、たぶん乗り越えられなかった。

これには一〇年以上かかりました。もう二〇年以上前の話ですが、当時金が回らないので、貰った手形

はすぐに割引に回して、なおかつ支払手形を切っていたのです。その当時二〇～三〇名の規模なのですが、手形の管理を自分でやっていました。だいたい儲かったのかどうかが二カ月後にしかわからない月次決算の遅い会社だった。ある日、こんなことがありました。毎日忙しいものだから、コロっと一枚抜けたのです。銀行から昼ころに電話がかかってきて、「今日手形が三〇〇万円落ちるのですけれどもまだ当座に入金がありません。すぐ持ってきてください」と言われて、慌てて会社にある通帳を集めても金が足らない。あと一〇万円足らないのです。

家に帰って、金がないかと家中全部探したのです。個人の通帳は女房任せにしていたので、どこにおいてあるか留守にしていてわからないし、当時携帯電話もなかったので連絡が取れなかった。しょうがないから何をやったかというと、自分の貯金箱を割って金を集めて、数えたらあと一万か八〇〇〇円か足らないわけです。いかんなと思ったけど、今度は子どもの貯金箱です。割ったらなんと一円と一〇円ばっかりじゃないですか。それ一つずつ数えて……。涙出てきましたよ。申し訳なくてね。子どもに小遣いやるならいいけれども、会社の資金繰りで手形が落ちないといって貯金箱割ってね。学校から帰ってきたら子どもに何と言えばよいのだろうかと思いながら、でもかき集めて小銭を袋に入れて銀行に行ったら、受付の女性が「なに、この細かい金は?」。そう言われたときは悔しかったです。

そういう悔しい思いをしましたので、それから後、手形の発行をなくそうとやってきました。そのときに感じたのが、わが社の業者さんのことです。もちろんうちよりも規模の大きな会社もありますが、基本的には工具屋さんとかうちより小さな規模の会社に支払いがたくさんあったのです。外注さんもお願いしていました。考えたら、うちが潰れたらこの手形を当てにしている会社ばかりで、不渡りになったらこれらの会社も連鎖倒産する可能性がある。そこに気がついたのです。

それまではお客さんから何を指導されたかというと、貰うほうも手形ですから、それ以上に長く支払え。金利稼ぎをやれ。と教えられていたのです。それを忠実に守っていたのです。だけど、同友会で学びながらそういう現実にぶち当たると、この考え方の経営はおかしかったなと気がついて、今は何が何でも現金払いにして持ち手形も割らずに銀行に全部預けるところまできました。十数年かかりました。そうやってそこまでくると単純明解な決算書になるのです。担当者はすごく楽なのです。手形残高どれだけあるとか、どうなっているかとか手形管理をしなくてよくなったのです。

格付けを知る

あとは格付けです。最近、格付けの話はあまり出ませんが、自社の格付けがいくつになっているか知っていますか？　意外と知らないのです。聞かないからです。銀行はあえて言わない。聞くとしぶしぶ教えてくれます。他行の格付けを知りたいからです。格付けによって金利が違うからです。そこが見抜かれたくないからなるべく教えないようにしているのです。

格付けに連動しているのが、金利です。「どれくらいがいいですか？　どれくらいにしておけば加藤さん借りてくれますか?」と言うから、「いやいや、おたくの言う金利で結構です」。と、こっちの銀行に「おたくだったら、いくらで貸してくれる?」。安かったらこっちから借りるでしょう?「何でうちから借りてくれなかった」って言ったら、「いや、こっちの銀行のほうがうちの評価高かった。おたくはうちにたいする評価が低いから、どうせなら自社の評価の高い銀行から貸してもらいます」。そうするとびっくりして金利を勝手に下げてくれます。

もう一つ、銀行の支店長が来て、「よう乗り切ったね」という話の中で、「いやあ、あんたのところよう出してくれた。本当に感謝しています」とお礼を言ったら、「加藤さん、日頃からしっかりやっとったもん。今回の売上減はおたくの責任じゃない。みんな悪いんだもん」。決算終わって金利が上がるかなと思ったら、上がらなかった。逆に「いいんですか?」って言いました。「本当に助かった。少しくらい金利が上がってもいいですよ」。本当に感謝しとったし、ちょっと利益上がってきたからね。

「加藤さん、いいよ、いいよ」。「何でですか?」って聞いたら、最終的に一億三〇〇〇万円の赤字だったのですが、減価償却が一億七〇〇〇万円あった。社内で七〇〇〇万円くらいの改善効果をだしてくれたのが大きかった。もし改善がやれていなかったら、二億円の赤字だったのです。となると、減価償却一億七〇〇〇万円なので三〇〇〇万円超えているわけです。減価償却以上の赤字だから、ここは格付けが下がり金利も上がったのです。だけど、減価償却の範囲内の赤字で終わった。減価償却の範囲内で終わった会社というのは当時ほとんどなかったみたいです。そのおかげで、本来なら金利が上がってもしようがないけど、格付けが下がらなかったので金利も同じでいったということです。これは今から思うと大きかった。だから、日頃の活動ってすごく大事だなと思いました。

計算で成り立たない部分の要素が大きかった

結果、誰が助けてくれたかというと、銀行です。文句いいながらも、銀行が金を貸してくれなかったら倒産していました。最後の支えは銀行でした。やはり、銀行との信頼関係があったからこそリーマン・シヨックのときにも乗り切れた。その意味でも、日頃の銀行対策というのは非常に大事です。

実は、金を貸すというのには数字で表せない要素がいっぱいあったということです。われわれは数字だけで判断をして経営をやるべきではない。もちろんバランスシートから見て、どれくらい会社がもつかとか計算も必要ですが、計算で成り立たない部分の要素が非常に大きかったというのが今の実感です。

(三) 経営指針でベクトルを合わせをしていたからこそ

オーケストラの音を合わせること

次に大事なことは、経営指針の浸透です。このことについては実はヒントを貰っていたのです。取引をさせて頂いているお客様がＮＨＫホールよりも立派なホールを持っているのです。一二〇〇人くらい入るホール。そこで年に四回ＮＨＫ交響楽団を呼んで演奏会がある。オーケストラ一〇〇人くらい呼びます。一〇〇人それぞれがプロです。それぞれが独立したって十分独り立ちできるような演奏家がオーケストラに入って、それぞれが音を出しています。音を合わせないと、音域が変わったらぐちゃぐちゃになります。だから、第１バイオリンの一番えらい人が最初にソの音を出す。それでみんな音の調整をやる。音域を合わせる。チューニングですね。これが僕は経営指針じゃないかなと思っているわけです。

それぞれの社員が頑張ったとしても、俺はこの思いで頑張っているぞ、俺は、俺は……と言ったら、違う音域の音になって足を引っ張り合うことになる。どんなに一人ひとりが優秀だとしても、プラスプラスどころかプラスマイナスになって効果が半減する。この音合わせがわれわれの言葉で言うとベクトル合わせになります。ベクトル合わせというのがこのチューニングのソの音を合わせることです。その合わせる音はなんですか？　経営指針でしょう？　ここから始まるのではないかなと思いました。

少し横道に入りますが、社員がいれば指針は必ず要ります。ただここで質問が出てくるのが一人経営者の場合です。「社員はいないから指針なんかいらないだろう」と時々聞きます。僕は思うんです。じゃあ誰と合わせるのですか？　何で仕事が来るのですか？　クライアントがいなかったら、売上ないでしょう。だから、クライアントとベクトルを合わせることをしないといけない。今何となく仕事がもらえるかもしれないけど、でも必要とするベクトルが合わなかったら仕事はもらえなくなる可能性があります。

研修に、パートさんがほぼ全員が参加

そういう意味でベクトル合わせが大事ですが、私どもでやったのが、パートさん参加の研修でした。実はパート社員は、現場採用なのです。何人までというのは経営会議の中で決まるのですが、パートさんはそれぞれ部署ごとの採用です。ということで日頃は経営者とダイレクトに話をする機会が少ないのです。そんな中、今回良い機会だからパートさんも集めて研修をやろうとなりました。

ところがここで引っかかったのが、パートさんの給与なのです。パートさんの仕事がなく、休業をしてもらっていて、家にいて子どもの面倒を見ながら給料は一〇〇パーセント保証されているのです。それを止めてあえて家から出てきて、しかも日頃あまりやっていない勉強をやると言ったら、果たして何人出社して来るかということです。まあ、とにかく声をかけよう。そしたら、一〇〇人のうち三人だけ家庭の事

情で来られなかったけれども、パートさんのほとんどの九七人が来てくれたのです。これは嬉しかったですね。本当にパートさんたちに感謝しました。これだけたくさん来てもらえるなんて嬉しくてしようがないという話を正社員に言ったら彼らも喜んでいましたね。

日頃から会社への想いや将来を語り、社員とともに経営指針をコツコツと実践してきたことが、あの厳しい状況の中で生きたのではと心から感謝をしています。

話し合いを生かして7000万円の経費削減

そのときの研修で何をやったかというと、働く意味について、「なぜエイベックスで働くのですか」というテーマでグループ討論をしてもらいました。討論が進んでいくと話題はどんどん変わっていって、結局、会社への不平不満がたくさん出てきました。①「会社としてやること」②「監督者が考えるべきこと」③「自分たちでやれること」の三つの課題に整理しました。①と②は会社の課題とし、管理監督者には、②をどう解決するか、別の機会にとことん討議してもらいました。パートさんには、③に絞って、「働きやすくするためにはどうしたらよいのか」を討議・提案してもらいました。

日頃聞けない話を聞いてみようと、パートさんの皆さんにちょっと仕掛けてみたのです。今この会社の中で無駄やロスがあると思うので、パートさんたち、助けてくれませんか? 働きやすくするにはどうしたらいいのか考えてくれませんか。働きにくいということはムダとロスがあるわけだから、ムダとロスを見つけてほしいと、グループ討論をやってもらったのです。ところが案の定、会社に対する不満がたくさん出てきました。

一つは、現場には各機械に集塵機をつけているのですが、油煙が取りきれないのです。会社全体で換気扇も回して出しているのですが、やっぱり臭いが残るのです。これ何とかしてほしいという話も出ました。一億以上金をかけているのだけど完全にならないのです。これは会社だけではどうにもならず、関係業者と相談することになりました。それには納得してくれました。

次に、管理監督者や正社員に対する不満もいっぱい出てきました。一番大きかったのは正社員が意外と挨拶をやっていない。やっているとしても、声が小さい。パートさんが「おはようございます」と言っても、「おはよーございまーす」とか返事はしてくれるのだけど、力の抜けた感じで暗い感じだというのです。「あれ何とかなりませんか？　頑張って働こうかなと思っているのに、こっち働く意欲なくなります」。そのような類のものが結構多かったのです。これらの課題には、管理監督者や正社員の研修を行うことを、約束しました。

次は、これはパートの皆さんで解決できませんか。と問いかけました。出てきた一つひとつに、「これって何か解決策ないですか？」と言ったわけです。「ああ、これ考えたらできるかもしれない」「こうすればいいんじゃないですか？」。翌日から早速パート社員がやってくれたのが、ムダとロス（機会損失）をなくすことでした。一人では一万円くらいの改善ですけれども、一〇〇人いるので月一〇〇万円。パートさんだけで年間約一〇〇〇万円の効果が出たのです。これを支えに正社員と役職者の活動もあって合計年間七〇〇〇万円の経費削減の目標を達成できました。

「当たり前」に感謝することの大切さ

このあと正社員に言いました。こういう問題がなんで今まで吸い上げられなかったのか。今まで共育ちが大切だと言っているけど、そもそもコミュニケーションができてなかったよねという反省をしたというのが一つ。つまり、パートさんの問題発見能力・解決能力をどうみるかということです。発見の仕方はノウハウとして身につけるべきだが、解決能力について、「どうせパートさんだからあまりやってくれないだろう」という勝手な先入観の思いを監督者である正社員はしてしまっていた。「何でお願いしなかったの?」ということです。

いま一つは、褒めてないことです。パートさんが毎日会社に来ていることに感謝をしていない。出社するのが当たり前。遅刻をしたりすると文句を言っている。無断欠勤をすると文句を言っている。問題が起こると文句を言っている。毎日きちんと就業時間どおり来てくれている人は、当たり前だと思っているからほめることができない。パートさんからすると、「私はコツコツ休まずに来ている」と思っているのですね。考えたら、毎日来ることって、特にパートさんは大変なのです。家庭があり、学校があり、いろんなことがある。それをギリギリまで時間を調整して来てくれている。なんで「ありがとう」と言えなかったのかという話を正社員にやったわけです。

その後、少し明るくなったというか声も大きくなったし、風土が変わってきたと喜んでもらえました。パートさんがまた元気よくやってくれる。パートさんの力ってすごく大きいのです。当たり前のことを当たり前になかなかできない。だったら逆に当たり前のことを当たり前にやっている人に感謝し褒めるべきではないかということに、リーマン・ショックでの研修で気がついたのです。

この研修会でパート社員も含めた全社員のベクトルを合わせることができました。全社で危機感が共有でき、上からの押し付けではなく自分たちで考え解決を図ったことで、現場の雰囲気がよくなりました。

理念と方針と計画の整合性こそ指針を生かす

経営指針の浸透ということで考えなければいけないのが、理念が先行することです。理念を大事にするのは同友会型でいいのです。しかし、こういう言い方をすると誤解を招く可能性もあるので気をつけて聞いてほしいのですけれども、理念だけで飯は食えない会社が多い。逆に言うと理念だけで飯を食えるようになったら最高の会社だということです。私はそう思っています。

わが社は理念を中心に日常管理までおろしています。良品を生産するという理念があります。これが日常的にどう反映されているか。私のところは会社の経営理念を唱和していません。でも、うちの役職は全員理念の思いを語れます。日常何をやっているかというと、経営理念は「良品を生産することを追及し続けることによって社会貢献しよう」ということなので、良品を生産することを追及するということは何だということを、毎日朝礼で発表することにしているのです。「この理念を達成するために今日は何をやるのですか?」。品質宣言ということで、毎日喋る人が変わる。自分はこれを意識して仕事をしていく。良品を作るためにこういうことをします。これで日常の中でベクトル合わせをしています。

理念と方針と計画が整合性を取れていないと浸透しません。理念と方針と計画がちゃんと連動しているか、整合性が取れているか見ていかないと、矛盾が出るから社員が行動できない。もちろん経営理念の思い、「何のためにか」はまず大事です。何のためにやるかがわかっていないところでは、社員は言われたことでしか動きません。

経営指針作成講座がありますが、どうも今まで、理念を作って安心しちゃって、これで経営指針つくったくらいのつもりでいる会社があります。このあいだも、「まあ、いいじゃないか。もうちょっと理念と方針がでてから計画はまた改めて勉強すれば」というから、数字がなかったらどうするの。どう達成しているのか、目標管理のやりようがないでしょう。理念だけでは飯食えないから方針計画までしっかりやろうねという言い方をして進めています。

なお、経営指針の実践で大切にしているのは、SWOT分析です。「理念・方針・計画」の整合性をとるため、間違った戦略を立てないためにもSWOT分析が大切です。指針を成文化しただけでは、SWOT分析を行っても表面しか見えてきません。営業が得てきた情報(知識)を指針に落とし込み具体化していく、知恵に変えていくことで、SWOT分析の精度を上げています。毎年繰り返して分析を行い、経営指針に組み込んでいくことで企業の方向性を指し示し、一〇年先が見えてくるようになりました。

二、逆風の中だからこそ、リーマン後を見すえて

㈠　わが社は鍛冶屋――事業領域の明確化と技術戦略を通しての人材育成

わが社の事業領域は「高精度の小物の切削・研削」

次は、理念にも関わるのですが、事業領域をはっきりすることと、技術戦略を通しての人材育成です。私のところでは、最近自動車関係以外のちょっと違う仕事もやっていますが、メインはやっぱり九〇パーセント自動車部品です。しかし、「私のところは自動車部品を作っています」とは言いません。結果として自動車部品を作っていますけれども、事業領域を自動車部品に限定したら、それだけを追っていくわけです。わが社の売り込みは「精度の高い小物の切削・研削加工を極めるプロフェッショナル集団」ということです。「高精度の小物の切削・研削の仕事が得意分野です。現在は自動車部品を多く生産していますが、そこにこだわっていません」と言っています。事業領域を広げることで、情報を広く取ってくるようになるし、経営戦略も広がります。

しかし、意外とこれが明確になっているようでなっていない。いわゆる本業ってなんだということです。本業からいかに派生するかということです。自分のところの事業領域って何だろう？　ここをしっかり見るべきではないかなと私は考えています。

変えてはいけないもの――創業の精神の掘り起こしと継承

さて、二〇〇九年二月にはほとんど仕事がなくなり、月曜日と火曜日だけ出勤で、週休五日となりました。前に言ったように、時間ができたことを幸いだと発想を切りかえ、今までやりたくてもやれなかったことを始めました。その中の一つが、創業の精神を振り返ることでした。ちょうど「創業の精神を振り返ってみてはどうか」という話が社員からも出されたのをきっかけに、一〇人ほどでプロジェクトチームを立ち上げました。過去の決算書などを出したり、勤続五〇年以上の古参社員たちに、創業時の社長のことや当時のことをインタビューして聞きとりました。
「測定器や機械は大切な飯の種」「きれいにしていなかったり、機械の中に少しでも測定器を置きっぱなしにして、頭ごなしに怒られた」。こんな一つ一つの思い出に創業者の想いを知ることができました。そこから「愛着と誇りを持って働こう」という言葉が先輩社員から出てきたことで、これは変えてはいけないものだと思いました。

またわが社のルーツとなったのが、創業から一〇年目のときに伊勢湾台風に見舞われたことです。一カ月間工場が水に浸かっていました。現在のように機械がコンピューター制御ではなかったので分解して天日干しを行い、組み立て直し、稼働させたそうです。「この技術が今日のばらし技術のルーツ」であったことを知りました。この技術があれば、天災があった場合に早く立ち直ることができる、こういった技術を学ぶことが大切だということを古参社員から聞くこともできました。またこの件で若手の社員と古参社員との間もいい関係になってきました。

生産ラインはものをつくるだけの場所ではない——「自前でやる」伝統

次に基本的な考え方、これはずっと変わっていないこととして、「自前でやる」。これは創業者が言っていたことで、うちの会社の変えてはいけないことの一つです。元々金がなかったのではないかなと思っているのですが、借金嫌いな親父でした。借金して優秀な機械を買って稼いでから返す。僕らの業界はそんな体質ですが、自前でやれるということはこれまでもずっと大事にしてきました。ものづくりの面白さを一人ひとりの社員に知ってもらうという創業者魂の継承です。

それを私は「加工屋ではなくて鍛冶屋の世界を築こう」と言っているのです。加工屋というのは機械を機械メーカーからお金を払って買ってくる。また工具屋さんから刃物を買って来る。プログラムは全部メーカーにやってもらって、操作だけ教えてもらって、材料をつっこめば、後は機械が削るだけ。これで社内にノウハウ残るかという話です。結局は設備メーカーのプログラムノウハウと、刃物メーカーの刃物ノウハウが相手の会社に行ってしまい、会社には何も蓄積されない。単なる加工屋です。この中に喜び、誇りなんかあるかという話です。社内の技能・技術向上ができませんしね。

基本は本業重視です。今まで加工をする部品が時代の要請でなくなってきました。しかし小物の切削・研削にこだわったことで、今日があるのです。その技能・技術の蓄積をするために鍛冶屋の世界をやっていく、つまり「生産ラインはものをつくるだけの場所ではない」ということです。今年新社長になってから、「作業者ともう言うな。技能員と呼べ」と言っています。

それは、「生産ラインはものをつくるだけの場所ではない」をちょっと膨らませてくれたのです。何かというと、感性を大事にしろという社長の思いです。材料を突っ込んで、刃物の交換時期が来ると自動的にブザーが鳴って機械が止まって交換する。「こんなのは人間性とかではない」というのが社長の考えです。「技能員と呼ばせて、そういう意識をもってもらって、音が一時間前と変わってきたとか、油のかけ方が変わってきたので油煙の量が違ってきたとか、そういうところをちゃんと気づく人が技能員だ。それが技能だ」という言い方をしています。

ただ単に監視したりするのではない。感性を大事にする。最初のうちできなかったことがどんどんできてくるので、自分でも喜びが持て、やりがいも出てきます。そうなると現場のみんなが働く喜びを感じるでしょう。しかも、ちょっとした修理をやってくれればバックヤードで保全マンをたくさん置かなくても自分たちで直すし、自分たちで苦労して直せば壊れないように大事に扱う。そしたら保全の量がぐっと減るのでその経費がドンと下がる。大事に使ってくれるから無駄な予備在庫も持たなくていい。だから、「生産ラインはものをつくるだけの場所ではない」というのは、人の無駄がないように目いっぱい働けではなくて、一人くらい余分においてもいいではないか。ゆとりをもってそういうものが見て回れる。ということです。

「加工屋」ではなく「鍛冶屋」に

要は、市場創造の取り組みの基本にある技術戦略は、私たちは「加工屋」ではなく「鍛冶屋」の世界を築いていこうということです。加工屋は、機械屋から機械を買い、刃具屋から刃具を買い、作業をするだけです。これでは他社との差別化はできませんし、何よりも社内に技術の蓄積ができません。「鍛冶屋」とは、自前で技能・技術を構築し、より高いレベルでものづくりができることを言います。

当社では、他社が使い終わった機械を二〇～五〇万円（新品だと一〇〇〇万円する機械ですが）ほどで買い付けてきて、分解整備をして、もう一度組み付けて使っています。摩耗している箇所や、異常がある箇所、どんな仕組みで動かしていたのか等、分解整備することでエンジニアが知り、社内で技術継承ができるとともに、設備投資の抑制の効果も生まれています。

また、新規の設備購入でもできるだけ「裸」の状態で入れています。こうした「技能・技術の応用」によるものづくりを行うことで、メーカーに依存しない工程設計力や自動化設備が社内でも製作でき、社内

	既存市場	新　市　場
既存製品	御用聞き営業【シェアー確保】 （A／Tスプール・バルブ）	既存製品の『新市場への拡大戦略』 （工作機械・船舶・飛行機・バイク等）
既存技術	新規顧客開拓営業【シェアーアップ】 （自動車用燃費向上部品等）	新市場・新規顧客開拓営業【新分野進出】 （建設機械・医療機器等）

［図２］事業領域の展開

にノウハウが蓄積し、技術継承や人材育成に役立てています。

こうした、知識を「知恵」に変える応用技術の推進をわが社では「知恵テク」と呼んでいます。ローテクを基本とし、ハイテクとローテクを組み合わせることで、ノウハウの蓄積ができます。

(二)　市場開拓──リーマン後の回復は新規開拓にあり

小さな市場で大きな占有率を

次に事業領域の展開です（図2参照）。事業領域がはっきりしていたからこそ展開できたと思っていますが、まず既存製品の既存市場です。本業重視ということです。これをまずしっかり抑えました。「小さな市場で大きな占有率」を占めようとしました。小さな市場にするとお客様が見えやすくなるし、ライバルが見えやすくなるのです。

昔は、何でもやります、お断りはしませんというアピールで仕事を取っていました。ところが切削・研削って、全国で少なくとも四〇〜五〇万社ある。世界となったら果てしなくライバルは多い。お客さんはどこか特色のある会社、目に付く会社に発注しています。わが社などは多数の中の一つで仕事は来ません。それではまずいということで仕事を絞り込んだのです。売上の少ないときでも仕事を断ってまでも集中させようと、絞って差別化をはかった結果がスプールバルブという製品です。これが七〇〇〇万本くらいやって世界市場の七~八パーセントくらいまでいくと、海外のお客さんまで引っかかってくる。スプールバルブで検索すると、うちもトップクラスになってくるから、浮かび上がってくる。

一方、このように私どもは世界市場になってきたことで新しい課題にも直面しています。「小さな市場」にも、リスクはむちゃくちゃあるのです。電気自動車になったらエンジンもいらないし、ミッションいらないわけですから、この仕事がなくなることもある。世界に三社あるミッションの専門メーカーも潰れる。だから電気自動車になればなるほどカーメーカーは自分の首を絞めることになるのです。これから、長期的な動きの中でずっと変化していくはずなので、どのタイミングをどう捉えるか。そのためにもこれからはますます情報が大事じゃないかなと思っています。

技術を極めることで横展開へ

リーマン・ショック後に、売上は落ちましたが、まず既存製品の既存市場をしっかりもう一度抑えて、ライバル会社にシェアを取られないように確保しようと、世間が暇な今こそチャンスと捉え、積極的に行動しました。そのため、新たな情報源をさがし、新規受注へと広げました。

新しいお客さんの確保のために何をやろうか。今持っている製品・技術の横展開をやろうと話し合いました。既存技術・製品で新しい市場をみつけようということです。既存製品というのはオンオフ機能、ロー・セカンド・トップと切り替わっていく切り替え弁なので、切り替え弁のあるところを探せば形は違えども同じ機能があるはずだ。探していると、船舶、飛行機、バイクなどにもバルブが使われていることがわかりました。こんなの全部やったらすごい売上になってしまうので、今一度絞り込んで、高精度の切削・研削技術の横展開ができないかどうか。そう考えていったら、自動車の燃費向上の部品にたどり着きました。新規だったのですが、これが今の売上に寄与しているのです。

既存の技術で新しい市場ということでは、実は建設機械とか医療機器の仕事がわが社の現在の技能・技術でいけるということがわかりました。それで受注していったのが建設機械関係でした。油圧シャベルの油圧を動かすユニットでこれも今の売上に寄与しています。

こういうことで、自社が持っている技術をもっと極めていくことで、まだまだ当社にはビジネスチャンスがあるのだということが見えてきたわけです。それがリーマン後の売上増を支えているわけです。

営業と技術のコラボで新市場開拓

もう一つやったのは、営業と技術のコラボレーションで新しい市場の取り込みです。私ども中小企業なので組織をすぐに変えられたということですが、これも簡単ではありませんでした。まさに自主・民主・連帯の精神の連帯を実践してくれたのです。

まず、営業活動をやりました。いっそのことリーマン・ショックがなければ行けないような、五万人一〇万人の大企業を攻めようということです。本社に行って、「こんな仕事やります」。最初のうちは調達部に行っても、ボロカスですよね、「今、全体の仕事がなくなって既存の仕入先だって仕事がないのに、何でおたくみたいな全然関係ないところに仕事を出せるの。よくも恥ずかしげもなく来ましたね」。そこで途中から方針を変えたのです。当然仕事がなくなっているのはわかっている。うちのお客さんもないわけだから。でも、大手なので、必ず研究開発をやっているはずだ。そのときに、設計図は描いたけれどもそれがうまく機能するかどうかはやっぱり現実に作ってみなければわからない。かならず試作受注はある。

そこを聞きに言ったら、ちょっと待っとれと。聞きに言ってくれたのです。何回か行っているうちに顔なじみになり、部屋に入れてくれたんです。通っているうちに紹介してもらった技術屋さんが、今図面引いている最中だが、これはどうかなと言ってくれたんです。そのときに困った問題が起こりました。営業はいつまでに作るか答えられないのです。「これいつごろまでにできますか？」と言われても、「ちょっと社内に持って帰ってきてから検討します」では話が切れてしまうし、実際に切れてしまったのです。

そんな話が社内会議の中に出て、技術グループと営業グループが分かれているからだめなので、技術グループから一人か二人こっちに移籍してくれないかということで、技術も入れて営業チームを新たに作ったのです。技術グループは半分職人です。喋ることは苦手でした。そこで営業とコンビ組んでお客さんのところに行った。どれくらいでできますか。一週間後までに作ってきてくれませんか。腹の中ではこんなの二日か三日でできると判断しているのです。帰ってきて、できちゃったから早めに行くわとお客様のところに三日後に持っていきました。「こんなに早くできたのですか？」。この繰り返しを数社とやった。いざ仕事が戻ってきたときには、向こうの技術屋が「これエイベックスってすごい技術力だから調達として取引できるようにしてくれ」と言って、大企業の技術屋さんの方が社内営業をやってくれたのです。

図面が出てから値決めをして受注するのが営業の仕事ですが、その前にどんなものが開発されているのか。その対応がわが社でできるかどうかが本来は勝負ですよね。そこで最近は設計段階での打ち合わせをやっています。そうするとお客さんの考えていることがわかったり、お客さんもどこで作ってもらったらいいか、なかなか設計の人がわかっていなかったりしていることがわかりました。だから、どんどん川上に行くということが増えてきたかなと思います。このときの営業と技術のコラボレーションがさらに生きてきています。

中古で安くつくる、工夫する技術が評価されて

新規のもう一社ですが、リーマン・ショックで、安いところに発注すると会社方針が変わった。特に新車は三割コストダウンして七〇万円で開発できる車。現在の一次サプライヤーではどうしてもコストが下がらない。新たに探せということで、一三社が新たに入りました。愛知県で二社、うちはそのうちの一社でした。その社長の話が、「古い者は安閑としている。あくまでもフェアで勝負をかけてもらう。長く取引をしているから今後もずっと取引をする姿勢ではなく、製造の基本であるＱＣＤのしっかりしたところと取引をしたい。世界と戦っていく企業だ。徹底したコストダウンをやるので過去のしがらみはない。一切義理は立てない」。実力主義で行くということです。

それはわが社にとってはチャンスでした。なぜかというと、前にも言いましたが、中古の機械を買ってきて全部ばらしてオーバーホールし新品同様にして活用しているのです。その会社も、実は新品の車のラインを作ると大幅にお金がかかるので、使い古したラインを貰ってきて、自分たちで溶接をしたり一部作り直して手作りのラインで安く車を作っているそうです。実は八〇〇人くらいの会社とそもそも取引をする予定だったらしいです。しかし、わが社は二〇〇名ちょっとの会社だったので規模が小さいので小回り

が利くということと中古の機械を活用して安くつくっているという考え方の経営思想に惚れこんでくれた役員さんがいたから決まったそうです。

お前ら何を考えておったのか。技術力で工夫してやるのがメーカーとしての特色だろう。これに共鳴する会社を探すのが本来だろうということで、エイベックスはそういう主義・思想に合うじゃないか。つまり経営思想で一致したということです。「この会社のほうが面白いじゃないか」。「この会社に出せ」ということで取引が始まったのです。

逆風だからこそ新しいお客がつかめる

冒頭にお話ししたように、今、過去最高三六億円までいって、四二億円も見通せるようになりました。既存のお客さんだけで三六億円まで戻ったかというと、リーマン前の最高より伸ばしている一〇億円は、さっき言った新規のお客さんです。それで伸びているのです。決して世の中が景気良くなったから売上が伸びたという話ではありません。

逆風だからこそ新しいお客さんがつかめる。既存のお客さんで飯をなんとか食えていたら新しいお客さんを探さなかったということです。まだまだ探しきっていないのではないか。国内にまだおいしい仕事がいっぱいあるのではないかと思っています。リーマン・ショックがあったからこそ新規が取れた。まさに赤石さんが話されている「逆風に感謝すべき徳があった」ということです。

三、「人は資産」こそ、同友会型経営の真髄

(一)「経営者失格」の20年の反省から

聴いていますか？――考えを押し付けてばかりいた

今からは、皆さんが安心する話をします。今は偉そうに皆さんの前で話をしていますが、過去に一杯失敗をしてきた私の経営者失格の話です。

二二歳のときに父親が経営する今の会社に入社しました。会社に入ってからの二十数年間は、社員数二〇～三〇名を行ったり来たり、ほんとに鳴かず飛ばずの町工場でした。自動車産業の発展とともに社員数三〇名くらいの会社には成長できましたが、売上が上がらない、利益も出ない、そのため昇給もできない、賞与も世間並には出せない状態であり、かれこれ二十数年間こんな状態が続いていました。

私が入社したときには当然年上の社員ばかりです。大学で近代経営（ＩＥ＝生産工学とＱＣ＝品質管理）を学んできたので、それを自社に取り入れようとしました。しかし、古参社員との軋轢があり受け入れてもらえず、ことごとく失敗していました。そこで何とか打ち解けて理解してもらおうと思い、安い焼き肉屋さんでしたが、私の小遣いで御馳走をして月に一回か二回幹部の人たちと食事に行っていました。二年くらい経ったとき、「いやあ。お前さんにご馳走になってばかりでは、いくら社長の息子だからって申し訳

ないので割り勘でやろう」と言ってくれたのです。割り勘と言ってくれたらもう対等な関係なので、これで打ち解けられたと思ったのです。でも、食べたり飲んだりして雑談は全然問題なく、楽しく笑いながらやっていたのですが、月曜日になったら元の状態で全然聞いてくれないのです。

皆さん、朝礼をしっかり行って、たまには飲みニケーションしているからといって、コミュニケーション取れていると言えますか。飲みニケーションはもちろん大事だとは思います。しかしそれで本当にコミュニケーションが取れたかというと、私の会社ではできませんでした。

四三歳のときにある本に出会いました。「泥棒にあったときは泥棒に感謝しなさい」と書かれていて、なぜかと思いました。しかし、「まだ家に火をつけられなくて灰にならなくてよかったのではないか」。これからは泥棒に入られないような対策を打つという気づきを泥棒から教えられたのだ。と書かれていた箇所を読み、ハッと気がつきました。今までは古参社員に対して「僕のやっていることは正しいことだ」と自分の答えのみを押し付けて、幹部社員の意見を聞こうとしていなかったことに気がついたのです。さっそく古参社員に聞いてみたところ、「お前の言っていることは間違っていないし、正しい。二代目として一生懸命なのはよくわかる。でもお前の言い方が気にいらなかった」との一言です。つまり私の姿勢に対する感情的な反発であり、「二〇年間これで俺は苦しんできたのか」と思ったとき、虚脱感で涙が出てしようがありませんでした。

コミュニケーションがとれない自分が苦しんできたのはなぜなのか。要は二十数年間、私の考えを押し付けていた、自分中心でやっていたということです。二代目という気負いもあって、俺が引っ張っていかなければ会社はやっていけない。もし会社が潰れたらというマイナス思考でやっていたのです。

今だからこそ言えるんですが、「聴く」ということですね。「君ならどうする？」。こちらから答えを出さない。これでうちの会社は変わったのです。同友会で学びコミュニケーションをするために取り入れようとして、グループ討論を社内でやっても何も言わず社員は黙っていて、「何でお前ら黙っているのだ」とか、「やっぱりそうか、俺は経営者で会社のことを一番心配しているけれども、社員はそこまで考えてくれないのだ」とか、すべて社員の方が悪いと思っていたのです。皆さんの会社はそんなことはないですか？　大事なのは、社員の目線に立つということです。

まず、経営者として俺が一番良く知っているとか、俺が一番会社のことを心配していると思ったら、絶対社員は沈黙します。意見を求めたって答えてくれないです。これは私の体験から言えることです。私が引っ張っていくということは、社員は考えなくてもいい、情報も与えなくていいと考えていたのですね。

社員が口を開こうとする時間を与える間もなく、「お前はなんで黙っているんだ」と社長が説教していては、社員の腹に言葉は落ちていかないのです。私たち経営者は結論をすぐ出したがりますが、そこを我慢して、「これについてどう思う？」「どう考えている？」と問いかけることが大切です。聞き出すこと、問いかけることにより、社員は理念や指針を理解していくのです。私の二十数年間の大いなる反省です。

社員が情報を取りにいく会社

社員が話をしようとしないもう一つの原因があります。これも経営者として失敗だったと気がついた話です。自分が持っている情報を社員と共有していますか？　自分が持っている情報を社員さんに発信していますか？　実は経営者と社員と情報の内容やそもそも情報量が違うのです。そんな状態で「意見を言え」と言われても情報がない中、答えようがないのです。語っているようで語っていない。「知っているだろう」とか「俺に聞いてこないお前が悪い」とか。情報を出さない自分の悪さを棚に上げておいてね。やっぱり俺が一番偉いさんだと思っているから、聞きにこないお前が悪い。挨拶はお前からするものだと か。こんな態度だったから絶対にコミュニケーションが取れるわけがなかったのです。

情報ってすごく大事です。同友会の会合でグループ討論をしているとき、最近売上がなかなか伸びないという話がありました。製造業の例ですが、今受注している製品はどこに使われているのですか、その仕事はいつまで続きそうですか、と質問しても答えられない。売上計画をどう立てているのかということです。営業の仕事には売り込みも大事ですが、情報を取ってくることも大事だと考えます。もう一つはお客様が何を求めているのか、それは会社の強みと整合性は取れているのか、または要求に答える改善・改革ができるのかということです。わが社では今出張なんかは自由にさせています。

この前は中国に三人行くと言ってきました。売上を確保するための仕事を取りに行くのではないのです。「情報を取りに行ってきます」と言うのです。一元バルブという製品の話です。バルブという製品の一個がうちでは四〇円ぐらいの販売価格を、一元＝一四円で売っている会社があるという情報を得ました。どうやると一元でできるのかということを調べてくるということです。たぶん材料自体がもっと安いと思うので、素材が悪いか品質が全然違うと思っている。そこを摑みにいくのもあるが、いかにうちが一四円で作るかというのではなくて、逆にうちの高い製品が中国で売れるのか。現時点では、今の四〇円の製品品質ものを中国では五〇円かけても六〇円かけてもできないと思っているので、何も一四円バルブがターゲットではない。そのために現地に飛んで正確な情報を取りに行く目的の出張だというわけです。

本当に自社にとって必要で正しい情報を得る。情報ってすごく大事だなと思っています。

(二) 経営の最大の資源は「ヒト」

社員一人ひとりの成長が会社発展の原動力

社員が動かないのは誰の問題でもなく自分のせいだということに気がついて、社名を全員で投票して、加藤精機からエイベックスに変えました。社員皆でやっていく会社、皆で作り上げる会社、先頭の機関車(経営者)が引っ張っていく会社ではなく、社員全員でエンジンを動かしていく電車型の経営にしようと思ったのです。

その翌年に同友会に入会して、いろいろ学んで社内に取り入れて実践して、それから現在二〇年経ちました。その中でもうちの会社が本当に伸びたのはここ一〇年です。それは社員が成長したからです。一人ひとりの社員が成長した分、会社は発展する。人が最大の資源です。

二〇年前まではいい機械があって他所よりも高い給料を払えれば良い人材がそろい、必ず利益は上がる、そう思っていました。そんな考えで前半の二十数年間やっていましたけれども、結果的には鳴かず飛ばずもいいところでした。今は人が最大の資源と思っています。「ヒトが成長してくれれば、モノもついてくるし、カネもついてくる」という基本の考え方に変えてきました。

P/L(損益計算書)では人件費といっているけれども、人はやっぱり資産の自己資本に相当するものです。会社もそうでしょう？　一〇年二〇年三〇年歴史を積み上げてきたもの、これが力でしょう？　リーマン・ショックとかなんかがあってもお互いに乗り切っているから今日の会社があるのでしょう？　伊達にここまで来ていないはずです。経営の基本は、Ｂ／Ｓ（貸借対照表）の経営で創業からの積み上げ・歴史があってこそ今日までやってくることができました。損益計算書はあくまでも単年度評価、課題発見にのみ活用すべきではないかと気づきました。

バランスシートの経営をやる。人は資産と思うことが大事だと考えます。資産を切ったら後は業績が落ちるばかりです。利益も上がるわけがない。良くなるわけがありません。Ｂ／Ｓの経営とは、創業からの積み上げを大事にして、自己資本比率を高めていくことです。自己資産に相当する最大のものが「ヒト」です。人の成長には、時間がかかります。長期的な視点をもって経営をしていくこと、これが中小企業の強みだと私は考えています。

「できる」「できない」

昔は、できるやつとできない社員を足して二で割って平均点を作っておいて、この平均より上が良い社員、平均より下ができの悪い社員という見方をしていました。社員を比較する相対評価をしていました。どうしてもできの悪いのは目に付くからガンガン責めるわけです。そうすると、本人は腐ってくるし、会社全体の雰囲気も悪くなってきます。暗くなります。一方できる社員は、お前はできるからと言って任せっぱなし。放任主義です。実は「自主的にやってくれているからいいんだ」というのは、大いなる勘違いです。だから利益は出なかった。上の者は放りっぱなしだったので伸びないし、下は足を引っ張るからま

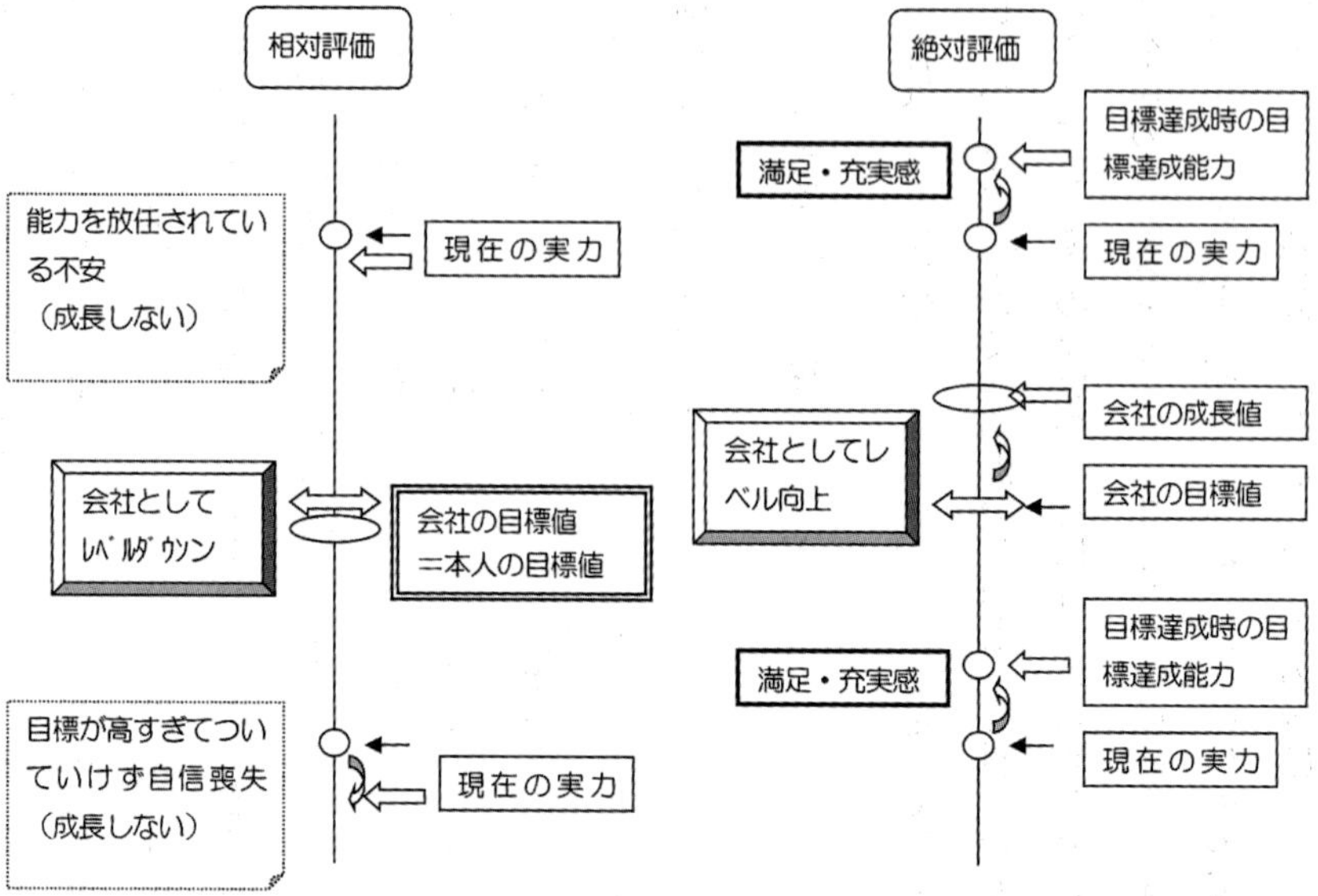

[図3]《人を人として認める》
相対（平均点）評価から絶対（人格）評価へ【目標管理】

すます赤字になっていってしまっていたのです。

[図3] 相対評価から絶対評価へを上に掲載していますが、今は右側の絶対評価の経営をしています。できる人にはさらに高い目標設定をしてもらいます。実力がまだ伴わない人は、その人なりの少し高めの目標を設定してもらいます。一人ひとりの個性を生かす仕事を見つけていくことがポイントです。人を人として認める。「自主・民主・連帯」の「民主」を私なりに解釈したらこういう目標管理の仕方になったということです。

重要なのは、「自主・民主・連帯」の精神の「民主」の考え方だと思います。人は対等だ。命の重さに差はないと赤石さんから勉強をさせて頂きました。生きるということはすべて対等です。評価もそうすべきで、一人ひとりの個性を生かした接し方、仕事を見つけることだと思っているのです。「自主・民主・連帯」が会社の中できちっと機能するような風土を作っていくことも経営者の責任だと考えています。

自分の目標をもって、持っている力を高め発揮する

大事なことは、目標管理で自主管理です。人間には無限の潜在能力があるとなると、右側で見て一番下の人、できの悪い人にとって必要なのは、会社の目標点で見るのではなくて、その人の、今よりすこし高めの目標設定をすることです。本人と話し合って自分ができそうなところより少し高めのところを設定する。高い人はさらに高い目標を設定する。両方ともそれぞれにできそうな目標設定なので達成していくじゃないですか。プラスプラスなので両方伸びるということです。

過去を反省すると、［図3］の左側、今まではできる人を評価して、できない人をだめと見ていた。皆さんどう思います。そんなこと、当たり前じゃないかと思いませんか。でも「自主・民主・連帯」の精神を学んで考え直したのです。わが社は製造業で一日八時間の勤務です。社内でできる人というのは、機械の段取りができる、刃具砥ぎや交換もできる、保全ができる等いろんなことができる。しかし、仕事には単純作業もあるのです。加工すると機械から切粉が出てくる。刃具を冷却するので油も出てくる。切粉に付着した油は勿体ないから遠心分離機にかけて油はもう一度機械に戻す。これらは単純作業です。仮に、仕事のできない人の首を全員切ってしまい、できる人ばっかりにしたら、できる人は単純作業の時間がもし毎日二時間必要だったとしたら、できる人も本来やるべき仕事は六時間分しか働けないのです。コツコツとこの二時間の作業をまだあまり仕事のできない人にやってもらえれば、できる人は付加価値の高い仕事をこの二時間分できるので、八時間もろに利益のあがる仕事がやれるのです。まだあまり仕事のできな

い人は、自分の仕事プラス間接的にすごい価値のある仕事をしていることになります。

少し高めの目標設定をすることにより、達成感を味わい自己成長が実感できます。そうなると自信が持てるし、さらに頑張ろうという気持ちになり、やりがいと喜びを味わいます。これが潜在能力の発揮です。ペースは遅いけれども、少しずつレベルが上がるのです。でも左の図のようにお前はダメだと言ったら絶対プラスになりません。一人ひとりの社員を見て、できるかできないかだけで評価をするのではなく、去年よりも昨日よりも成長し、会社にプラスの貢献をしているという仕組みを作っていくことが大切と考えています。結果、その一人ひとりの成長した分が会社の体質強化力になり、その分会社が発展するということに繋がったのです。

自信がつくと自分でも気づかなかった、びっくりするほどの潜在能力が発揮される。しかし一般的には目に見える顕在能力で見るから表面的な何ができるかという成績で評価をしているのです。成績は、過去から現在のものです。潜在能力を発揮して、自分で仕事を作っていくという風土をつくれば会社というのは必ず発展すると確信をしました。

育ちあいが育む信頼関係が回復の力を生んだ

社員教育とは、何のためにするのですか。金太郎あめみたいな会社の都合のいい社員教育をやっていませんか？　会社とは一人ひとりの人生を預かって、その人をいかに成長させるか。そのための教育を行い、そしてその結果として会社に貢献できるようになる。間違っても会社が儲かるための教育をやるのではなく、目的はあくまで入社してからの社員の成長です。そのための社員同士による共育。互いに先生役をやったり生徒になったりの関係づくりだと思う。「自主・民主・連帯」の精神の「連帯」の考え方と捉えています。

もう一つ、赤石さんから学んでいるのが、「生存条件」と「生産条件」ということです。「生産条件」というのは「会社が儲ければ社員が幸せになる」という考え方です。エイベックスに社名変更をする前の加藤精機の時代はまさにそれでした。儲ければいい設備を買えるし、給料を高く払えるから良い人材が来ると思っていました。会社が儲かればよかったのですが、儲からなかったので、みんなに高い給料は払えない。我慢をしてほしい。要するに全部社員の責任にしていたわけです。社員を幸せにする。嘘ではないか。信頼関係が築けるわけがありませんでした。それを二十数年間やっていて、ダメだったわけです。「生存条件」というのは何かというと、人が幸せになったり、その人の人生を豊かにしたりすることによって、結果として会社が儲かるようになる。その人の幸せというのは、世間並みの収入があれば後は働くことによって自分自身成長した実感を味わい、周囲から認知されることです。社員一人ひとりが成長すれば必ずその分会社は発展するわけです。

だからこそ、社員教育の目的は、その人たちが育つ状態の研修や教育を行って成長すれば、具体的に儲けていく話は社員さんたち皆が考えてくれるということです。そのためにも会社の方向性を示すための経営指針づくりが、必要になってくるのです。わが社もその考え方に切り替わったからこそ、リーマン・ショックのとき、みんなそれぞれが自分の役割をきちんと果たしてくれたので、その後の飛躍につながったのです。

あのリーマン・ショックのときどうしたかと言うと、経営者の責任って何かなと考えたのです。どうなると会社は潰れるのかというと、金がないと潰れるわけです。仕事がなくたって金さえあれば会社は回るわけです。そうなると、経営者の仕事は銀行に行って金をいかに引き出すか、しかないのです。銀行って会社の中にないので外に出るしかない。社内をどうするかといっても、みんなに任せるしかないのです。だからいかに早く売上を確保したり、回復したときに仕事を取るためにも、もっと安くて良い品質のものをいかにつくるかを、この暇なときにしっかり考えてやってくれました。任せるしかなかったのです。今から思えば、これが本当の信頼関係だった。その信頼関係がうまく繋がったから、**［図1］従業員と売上変遷**を見てもらったように意外と早い回復をしているどころか、思わぬ伸びをしたのです。

銀行との折衝に掛かりきりで、何も指示できなかったのです。日常的に経営指針に基づいて行動していたので、暇になっても今まで忙しくてできなかったことを一気にやっていこうと自分たちで考えて行動をしてくれました。営業とのコラボレーションも、自分たちで検討して実行をしました。私は指示なんか一つも出していないのです。おかげで、それだけ本当に成長し、育ってくれました。まさに、リーマン・ショックのおかげです。

あの世でも働いてもらいたい会社

私は「会社＝人生」ではないかと同友会に入ってから思っています。やはり社員一人ひとりの人生をどう豊かにしていくか、どこに、どういうふうに社員さんを成長させる場面をつくるのか。それは他人に評価してもらうことではなく、自分が入社してから伸びたなということを社員一人ひとりが感じてくれる。自分で自分を評価する。それが一番いいことではないかと思っているのです。この一人ひとりの成長が会社発展の原動力なのです。ですから、これも、経営者としての責任ではないかということです。

その意味で終身雇用にしていいてよかったなと思います。先日、七〇歳まで現役で勤めていてガンで亡くなった社員の葬式に行きました。そのとき、棺桶にうちの会社の帽子が置いてあるのです。家族の人が僕のところへ来て、「この人はエイベックスで働いて本当に」、その前の加藤精機の時代から世話になってきたのですが、「感謝して喜んでいます。われわれ家族もこうして幸せに生活できて、こうして葬式を出せるまでになりました。この帽子を棺桶の中に入れてあの世でもエイベックスで働いてもらいたい」と言われて、心から感激しました。気持ちが家族に通じている。これが本物だという気がします。社員と頑張るのはもちろん大事だけれども、そのバックヤードにいる家族がバックアップしてくれているんですね。

実は、亡くなったその本人なんて一番僕に食ってかかってきた人間です。もうちょっと言うことを聞いてくれていれば、もうすこし会社を伸ばせたなという思いも過去にはありました。でも、同友会に入会して学んだらその考えは間違っていたことに気づきました。私が悪かったということです。それでも、ずっと勤めてくれて退めずに結局七〇歳で、病気で亡くなるまで会社にいてくれて、しかもそこまで家族が思っていたとは、経営者として最高の幸せですよね。経営の目的はここじゃないかなと、そのときつくづく思いました。

経営者の責任とは、「生きる・暮らしを守る・人間らしく生きる」＝関わる人びとの「人生における成長」ができるような企業づくりです。これを達成しようとしつづけることが経営者の責任だと、今さらながら感じている次第です。

四、「非連続」の時代、市場創造と人材育成を深める
――リーマンから四年、「己に克つ」経営で

㈠「生き残る」経営から「己に克つ」経営へ

リーマン・ショックを乗り越えてあらためて考えた経営姿勢

いま（二〇一二年九月）、リーマン・ショックから四年が経ちました。新しい時代に入っていることをひしひしと感じています。そのことを踏まえて、私どももあらためて自社をいま一度鍛え直していかねばと思っています。ここからは、そのことをお話ししていきます。一部はこれまでの中で話していますが、ここでまとめておきます。

まず経営姿勢についてです。私の会社生活四〇年を振り返ってみると、始めの頃は「生き残る」経営というか、じっと待つ経営をしてきました。山で遭難したときは救助に来てもらえますが、会社の資金繰りが苦しいからといってヘリコプターが飛んできて金を落としてくれるか。仕事がないからといって仕事は落ちて来るか。そんなことは絶対にありません。

そこで、世の中の経済が良くなるのをじっと待つのではダメじゃないかなと認識し直して、次に「勝ち残る」経営をやってきました。それはライバルから勝てばよいのだと考えたのでした。しかし例えば、柳の木の下にカエルがいるとします。柳が市場《しじょう》で、私がカエル。カエルは下から見上げていますから視野が

狭い。「うわー、こんなに大きな市場がある」。そしてその大きな市場を目指して、他社が一メートル飛び上がるなら、わが社は一・一メートル飛べば柳の枝＝売上に、先にぱっと食いつくわけです。ライバルに勝ったということですね。

しばらくはそれでよかった。ところがここ最近は空洞化などの経済環境の変化や技術革新によりその製品も成熟化して、市場がどんどん縮小してきているのです。しかし、視野が狭く目先の枝＝売上ばかりを目指していて気がつかず一生懸命努力している。シェア獲得に必死です。そのうち、その市場がどんどん小さくなったとき、柳の木＝市場を飛び越えちゃうわけです。ぱっと振り向いたときにはもう市場が縮小している。気がついたときは、どうしようもないという状況が生まれてしまう。

今度はそこに気がつき、これからはもう勝ち残るではいかん。そこで次に考えたのが、「勝ち進む」経営です。きちんと経営戦略を立てて、ＳＷＯＴ分析して、強み弱みを見てということです。でも、現実は自分たちの気がつく範囲での項目しか出てこず、社内の「強み何だろう、弱み何だろう、これじゃねえか」、外部環境はというと「新聞でこないだこんなこと書いてあったのだけれども」のレベルでやっていた程度の、私の勝ち進む経営の実情でした。

ちょうどそんなとき、リーマン・ショックが起きたわけです。そのリーマンから回復してから気がついたのが、勝ち進む系の勝負ではないなということです。元々ライバルと勝負していちゃダメだと言っているのに、また勝つ負けるをしている。ああこれはいかんかったと思いました。そこで、気がついたのは「己に克つ」ということです。

そうなると外部環境の分析が変わってきたのです。まずは機会と脅威ですが、自社にとって外部環境の脅威ってなんだろうということですが、でも、最初から機会と脅威に分けて考えるということは、ある程度先入観が働いてしまうのではないか。まずは頭で考える前にとにかくどんどんいろんな情報を取る。いろいろな媒体を使ってでも情報を取らないといけない。外部には思いもよらないことや知らない情報がいっぱいある。今後自動車の技術がどう進展するか。電気自動車にはどのような部品が使われるのかなど、新聞に書いてあるような知識を得るだけではいけないと思う。

何がどう変わっていくのか。外部環境を客観的に拾い上げ、その中から機会と脅威に分けていく。しかも脅威を避けるのではなく、実は脅威の中にこそビジネスチャンスがあるのではないのか。そう考えていくことで、脅威を機会に変えていくということができるようになった。今まで蓄積したことだけでなく、さらに外部から情報を取り込み自分のところで練り直すという作業ができるようになった。それがやれるようになってから、適切な経営戦略を立てることができるようになり、経営体質が強くなってきた。これがやっぱり「己に克つ」ということかなと、リーマン・ショックを経て思っています。

冒頭にも言いましたが、考えの転機になったのは、一九九九年の中同協東京総会でした。そこで学んだのが、二十一世紀は市場創造と人材育成をしっかりやる会社が発展するということです。それまで私は、自分なりに考えた戦略というか方向を三つ持っていました。「切削・研削加工の技能向上、技術力の発展、ＩＴ化を進める」ですが、全部捨てました。同友会が言っていることが一番の企業体質強化につながり、正しいことだと信じました。「自分には自分の考え方がある。俺はこうだ」と言うより、同友会の多数のメンバーがそう考えているなら、やっぱりそっちが正しいのではないか。そこはもう丸々真似しよう（ＴＴＰ・徹底的にパクる）ということで、この市場創造と人材育成の二つを軸にこの十数年走ってきました。

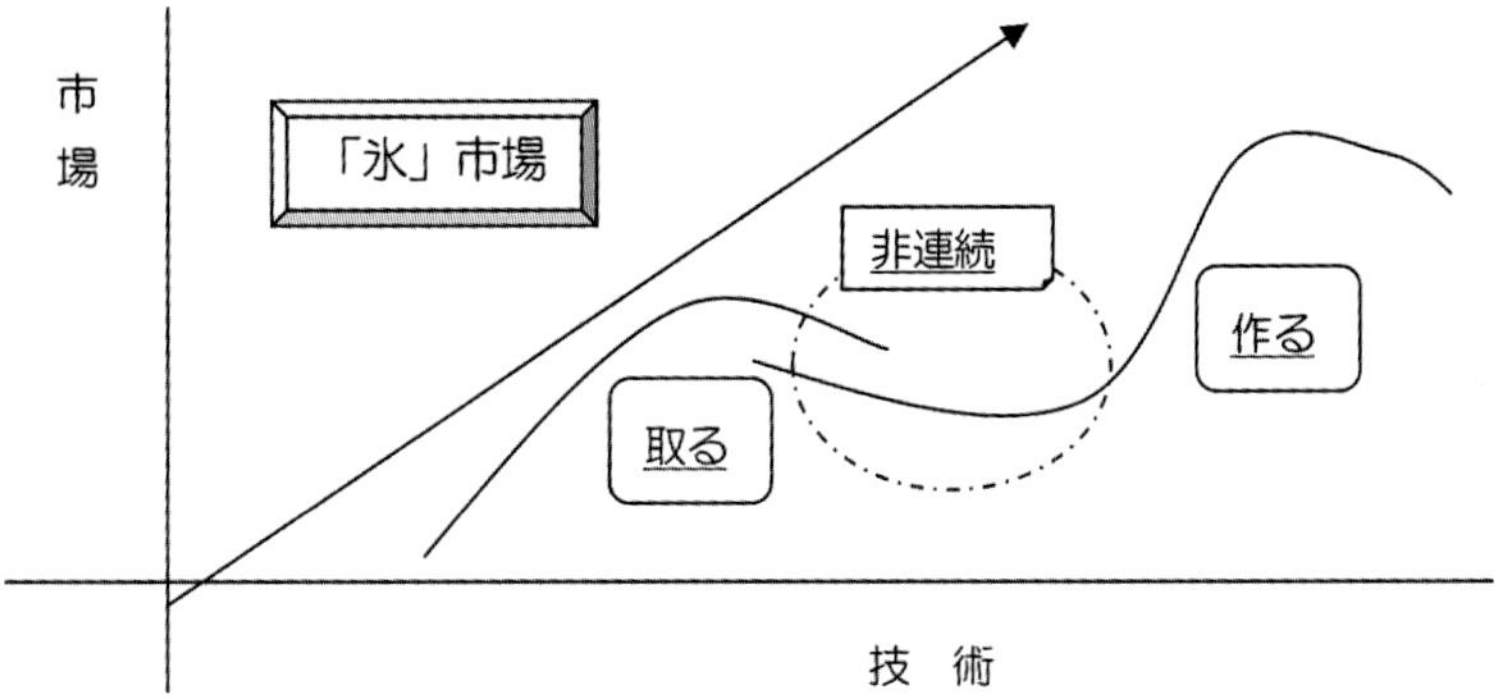

［図４］技術と市場の変化

リーマン・ショックを何とか乗り越えた今、新たな時代に入っている――それはもうすでに始まっていたのですが、私にとって鮮明に見えてきました。私の経営姿勢も変わらなければいけないし、市場創造と人材育成も深化させねばならない。それはまた「己に克つ」という経営姿勢を深め如何に確立していくかということにも繋がってくると思っています。

非連続の時代ということ

あらためて、現在という時代をどうみるか。私は非連続の時代と見ています。どんどん時代が変化している。今扱っている製品もこのままずっとあるだろうかということを真剣に考えていかないといけない。自分の思いだけで、ものごとを判断するのは非常に危険な時代ではないか。上の［図４］技術と市場の変化を見てください。今の時代は非連続です。過去の延長線上ではダメだよということが、この図には描かれています。しかし、そのことで、新しい市場が出てきているので、チャンスでもあるということです。非連続をきちっと認識できればチャンスがいっぱいある、市場を創造することで仕事は確保できるということです。

この図は名古屋大学の山田基成先生が描かれました。これもＴＴＰで受け売りです。その中の例え話です。氷の市場というのがあります。今でも氷というのは大事だし、遊びでいけば釣りなんかでもかならず使います。ただ製氷の技術が変わっているところに気がついているかどうかということです。昔は、氷河からいかに切り出して溶けないようにして消費者にもってくるか、いわゆる氷を取る技術を一生懸命やれば商売になった。ところが今は、製氷機ができて氷を作ることができる。そうなると、欲しいときにすぐ手に入るような効率のよい作り方ということで、新しい技術開発が生まれてきている。つまり、取る技術から作る技術に変わっている。こういう意味で非連続だよということをこの図は示しています。

私ども自動車業界で言えば、ガソリンエンジンから電気自動車へとか、オートマチックトランスミッションの技術開発でいくと油圧制御から電子制御に変わる。市場があるときはどんどんシェアを高めていけばいいのですけれども、技術革新で市場がなくなっていくわけで、なくなるところにいたのでは、当然会社の売上がどんどん落ちていくわけです。やっぱり技術革新の波を乗り換えていかないといけない。これが非連続なのですね。

やはり過去の延長線上に未来はないのではないか。今ある仕事は本当になくなるのだという危機感を持って、自分のところの業界なり必要な情報をしっかり取っていかないといけない。たまたま景気が悪いからだと自分で慰め、勝手に納得してしまって、調べようともしない。裏付けのある正確で会社にとって必要な情報を取り、時代認識をすることが非常に大事ではないかなということです。

常に危機感をもつ

会社というのは何もしなかったら必ず潰れます。前に述べたことですが、わが社を振り返ってみると、創業当時は、ミシンの部品加工からスタートをしました。これが現在の切削・研削技術の基礎になるわけです。ところが昭和四十年代に家庭用ミシンは全部台湾に移管されました。そのとき、ミシン部品をつくる仕事は全部なくなりました。次は8ミリ映写機に転換しました。ところがビデオという技術革新のおかげで、あっという間に8ミリの映写機の市場がなくなりました。エルモ社という、8ミリ映写機を日本で初めて開発した老舗でしたが、買収をされてしまいました。その後写真もデジタル化をしてフイルムの需要がなくなりました。世界的シェアーを持っていたコダック社は潰れましたが、日本の富士フイルムは残りました。コダック社も需要がなくなってきているのに世界的シェアーが邪魔をしてフイルムにこだわったため市場がなくなり破綻をしました。しかし、富士フイルムは基礎技術の応用としてフイルムの原材料に着目し美容に関する新製品を開発して成長企業になっています。

新しい技術は常に開発をされているのです。時代の流れとともに取り扱い製品というのは変わる。今ある仕事、今ある市場がずっとあると思ってはいけないということです。今仕事が減っている。それはたまたま減っているのか、もう市場がいらなくなっているのかどうかを見極める必要性がある。これが正しくて裏付けのある会社にとって必要な情報を取って、市場創造をしていく経営戦略を立てていくことが重要だと考えています。

私の大学の後輩がいる美和ロックという会社があります。その会社はホテルの電子鍵を作っています。今、国内シェア六〇パーセント。彼が会社に入ったときは八〇人か一〇〇人の、売上も年間四〇億か五〇億の会社だった。今は従業員約一〇〇〇人で売上も四〇〇億の会社になっています。なんで成長したかというと、住宅着工です。住宅が建てば建つだけ、それだけ鍵がいる。しかし、ライバルがいて、昔はシェアが四〇パーセントくらいしか取れなかった。今はライバルをひっくり返している。実は住宅着工件数は年々減ってきているのです。が、美和ロックの売上は増えて今は四〇〇億円です。なぜか。防犯システムを展開しているセコムとかいろいろ新しい市場が出てきて、「実はあれ全部うちでつくっているのです」。住宅着工件数が減ったので市場を変えているのです。市場創造と技術開発です。

「現状に甘えているのではなくて、常に危機感を持つ」ということが大事だと思います。危機感を持つから何とかしなくてはと、行動が変わります。今のままでいい、と思ったら過去の延長を継続するだけで何もしません。危機の「危」は危険という状態、潰れる、いなくなるという危険な状態を常に察知して、チャンスに変えていくということです。危機の「機」は機会の「機」なのです。景気が悪いからと言ったってしょうがないわけで、現実を直視して情報を取って来てきちっと分析し、市場創造につなげていけばいいわけです。危機感を持つということは、危険と機会を認識することであり、会社が安定的に成長する秘訣ではないかという話を、社内で徹底的に今やっているわけです。

(二)　本質的な問題を発見できる企業づくり

本質的な問題発見能力を引き出す

非連続の時代を生き抜く経営の第一のポイントは、本質的な問題発見による企業体質づくりです。

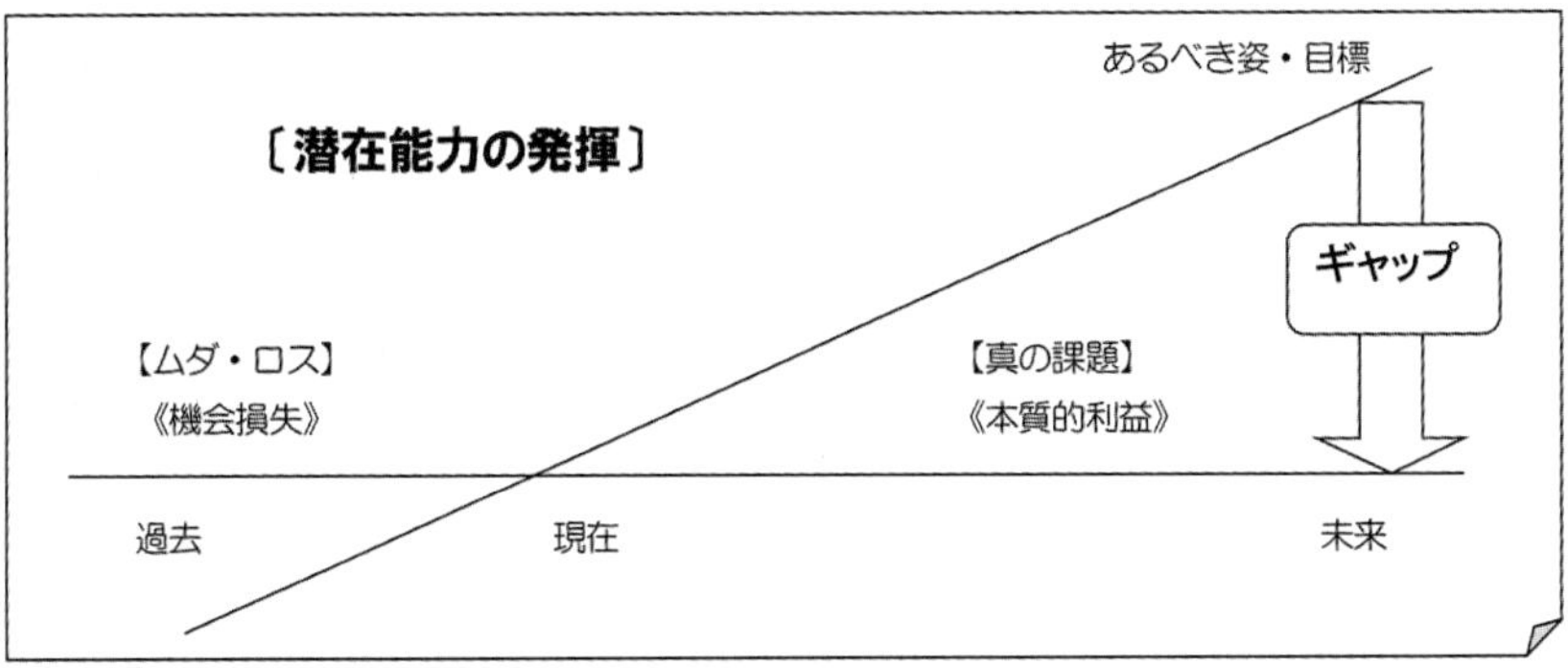

［図5］真の経営課題の発見

上の［図5］真の経営課題の発見を見てください。前節㈡の「経営の最大の資源は『ヒト』」のところでも述べたことですが、要は、潜在能力を引き出して、いきいきする会社づくりをしよう。それが豊かな人生を送れることになるのではないかということを社内で展開しています。では潜在能力を発揮したり、引き出すのに具体的には何をやるかということです。潜在能力を発揮しようと言ったって、何をしてよいのかさっぱりわからないというのが現実です。

「何か課題がないか」と各部署に聞いたときに、「いや、うちの部署は順調にいっています」と言ったらその部署は衰退するし、人間的にも成長はないよと言っています。会社というのは本来問題だらけのはずです。問題だらけの会社だからダメな会社だと捉えるのではなくて、問題が出ればそれを課題として解決をしていけば、それが新しい市場を創造することにもなるし、生産性の向上にも品質の向上にもなる。会社の中で改善活動が活発になる。そういうことから、問題を発見しそれを解決することで潜在能力はどんどん高まるのではないかということです。

ここに過去・現在・未来と書いていますが、昔は左の方の目に見えるもののムダとかロスとかを問題として捉えていました。今でももちろん問題として捉えるのですが、これを解決して会社の未来があるかというと、ないのです。確かに、無駄がなかったら本来得られるべき（機会損失）であった利益水準までは戻ります。そういった意味ではムダやロスの改善は価値があります。しかし、気がついて目にしたときにはすでに過去の問題です。過去の問題を解決しても、会社の得られるべき利益の水準に戻るだけで、それ以上のプラスの利益にはなりません。新しい問題を発見して、新しい解決をしていかないと会社というのは発展しないのです。

本来の一〇〇パーセントの力を発揮するとしたらどういう状態になるのだろうと、あるべき姿を描くのです。ＮＣ旋盤にて切削加工するのですが、機械仕様書で例えば回転数一万メーター出せます、といったときに、現場で一万メーター回転させて機械を動かしているかというと、実は動かしていないのです。そこまでスピードを上げていくと刃物の磨耗損傷が激しくなると言うのです。では刃具が磨耗してもよいから、一度一万メーターに上げろよと言ったら、怖くて上げられないと言うのです。チャックという材料を掴む冶具があるのですが、一万メーターに上げるとそのチャックが緩んでしまう。一万メーターに耐える仕様にすると、もっと高い価格のチャックにしなければいけない。しかし、元々工程設計の段階で五〇〇〇メーターに見合うチャックで加工をしていたのです。その条件で刃具の研究を一生懸命やっているのです。あるべき姿を描くと課題は刃具ではなくて、回転を一万メーター上げられるだけのチャックにしなければいけないことが浮かび上がってくる。それを解決してから刃具という課題が出てくるはずなのに、低い速度での刃具の研究ばかりをやっていた。チャックをもっと研究しよう。そういうふうに改善のネタが変わってくるのです。

あと一〇パーセントとか二〇パーセントとか向上させるにはどうしたらいいだろうとかいうのは、実は過去の延長線上で今までを基準としての向上策を考えていく。これは改善の域です。これでは気がついて見える改善しかしないのです。これでは会社の大きな発展はむつかしいし、多くの利益も得られません。一度設備も人も最高の理想状態を考えて、今現実どうなっているのかという現状を見るわけです。そうするとそこに初めてギャップが見えてくるのです。

ギャップにまず気がつく。このギャップこそが、真の経営課題でありこれを解決することが会社の本質的な力の利益を売ることができると考えています。これを問題発見能力という言い方をしています。この問題発見能力をまず身につけないと目に見えない本質的な経営課題を発見することができない。隠れている真の経営課題を発見できないようでは、何も解決しない。そんな状態でちまちま改善活動をやっていても、一人ひとりが持っている本物の潜在能力を引き出すことはできない。そういった意味で、潜在能力を発揮するためには、問題発見能力をしっかり身につけることではないかと、社内展開をしています。

顕在化した問題を解決するのは単に減少している利益をもう一度戻す、すなわち過去から現在に持ってくるだけで、未来へのプラスアルファではない。一方、潜在化した問題に気がつくことは未来に向かって本質的な課題を見つけることになる。その本質的な、うちの会社の本当に隠されていた問題を浮かび上がらせる、これが本当に利益に繋がる、将来会社が発展する基になる課題なのです。

三題噺――潜在的問題を発見する力を妨げるもの

その問題発見能力というのは何かということですが、前節(二)で述べたように、潜在能力を発揮するのは自主・民主・連帯の自主です。主体的ということです。となると、この自主＝主体的であるということこそ、隠されている問題、いわゆる潜在的な問題を発見する力だということです。

ところが、潜在能力を発揮しようと思うと邪魔することがあるのに気づかれると思います。会議で往々にして社長がどうだと言っても、みんな黙っていませんか。こう考えたらどうだと社長が言ってしまうんですね。社員にそれなりの力を発揮してもらわなければいけないのに、邪魔するんです。自主的に考える、主体的に考えることを奪ってしまっているんですね。

ですから、私どもの会議は、何か問題が出ても、「こうしたらどうだ」ということは言わないようにしています。「どうしたらいい?」と聞くのです。考えざるを得ないようにしかけていくわけです。「どうしたらいい?」と聞くと考えないといけないですよね。そのとき、うちの会社で役に立っているのが、次に紹介する「三題噺」です。それはコップの水の話と、子象の話と、ウサギとカメの話という三つです。

●コップの水の話——プラス思考・マイナス思考

まずコップの水の話です。会議をやっていると、解決の糸口が見えてくるか見えてこないかの瀬戸際のときに否定をする発言が出て来ることがあります。そんなとき、直接そのことに対しての注意をせず、「コップの水の話を覚えているか?」と言うのです。

例えば、コップの水を飲んだとします。半分飲んだときにどう思うかです。「えー、もう飲んじゃった。あと半分しかない」と思うか、「まだ半分残っている。今から倍楽しめるじゃないか」と思うか。「半分しかない」というのはマイナス思考ですよね。マイナス思考だとどうなるかというと、私は正しいんだ。相手が悪いんだ。会社が悪いんだ。すべて不平不満に変わるのです。どうしてもそうなるのです。お前がやらんから改善もできないとか、自分で考えようとしない。自分を正当化して、周りが悪いと他人のせいにしてしまう。それでは自主的な発想は生まれてきません。プラス思考になるとどうなるかというと、これをどうしようか、どう解決しようか。どこに問題があるのだろうか。現状を把握して原因を追求しよう。そこから対策を取ろうとか、前向きな行動に移るのです。これが自主・民主・連帯の精神の自主なのです。

皆さんの会社は如何ですか、このマイナス思考の人に振り回されていませんか。わが社ではそんなときは、具体的に言わないでも、「コップの水だよ」と言うと、ああ、マイナス思考しているなというのがわかるくらい、くどくど会議の中で、ずっと言ってきました。

●子象の話——先入観

それから二つ目の子象の話、これは先入観です。会議で誰かがアイデアを出す。そしたら、「そんなの前にやったことあるよ、やってもダメだよ」と潰しにかかる意見が出るのです。そこで、「また小象の話をやってないか」と言うと、気がついてくれます。そうするとまた具体的に考えてくれます。

何かというと、小さな象が逃げないように、鎖をかけ杭に繋ぎました。仮に一メートルの鎖としましょう。一メートルの範囲内は自由に動くわけです。大人になって大きな象になって、力もある。にもかかわらず、小さい頃からこれ以上行けないと思い込んでいるから、ちょっとでも引っかかるともうそこで諦めてしまう。ちょっと力を入れれば杭ごと引っ張れるかもしれません。鎖が切れるかもしれない。でも、その力を出そうとしなくなってしまっているのです。

これと関連したことは、前にお話しした、平均点による評価と管理です。知らず知らずの間に社員の能力を経営者は実は潰しているかもしれません。まず入社したときの印象をずーっと覚えていて、何年か経って成長しているかもしれないのに入社したときの印象をそのまま引きずっていないか。いつも怒られて叩かれて、ますます小さくなってしまっている社員いないか。本人がやりたいことを軸にした目標管理を行っていれば、できるようになったらプラスです。マイナスはありません。そうすると、入社したときは零点の社員が、一五点になったじゃないか。その後、あのとき一五点しか取れなかったけれども、今は三〇点になりずいぶん成長したじゃないか。一人ひとりの目標が違うためレベルはそれぞれ違いますが、でも、それぞれ成長したことは自分自身感じられるわけです。それぞれが成長してくれれば当然その分会社は発展するわけです。しかし、そこに邪魔するのが子象の話、先入観なのです。

求人活動の面接のとき、文系の人の就職職種の多くは営業志望と言います。そこで何で営業を選んだのですか？　と言うと、コミュニケーション能力が高いからと自信を持って言ってくるのです。そしてなぜコミュニケーション能力が高いと思っているのですかと聞くと、サークル活動でリーダーをやっていてみんなをまとめてきましたという。「それって皆やりたい人が集まっているんじゃないの？　社会にはいやなやつもいっぱいおるんだぜ。一緒にいたくない人もいて、そこの集団の中でどうやってみんな同じ方向を向けさせるか。これがリーダーシップなのだけれども、君その経験ないだろう？　これでは社会に出ると挫折するよ」。学生さんには、先入観を持った自分で描くコミュニケーション能力ではなく、社会でどう通じるのかを研究したほうが良いと、将来の本人のためになるとアドバイスをして上げています。社会と学生とは違うよと言うと、考え直す学生もいれば、二度と来ない学生もおります。

もう一つは、理系と文系、いつそれを決めたのですか？　まあ数学が強いから理系、国語強いから文系と学力で決めていませんか。いくら早くても中学に入ってから進路を決めますよね。中学って一三歳か一四歳ですよね。そうすると今二〇歳として、六年か七年前でしょう。これから社会に出て今から約四〇年働くのだよ。「わずか六～七年前のイメージで今から四〇年間も働くのですか?」。今、もう一回自分が何をやりたいかを振り返ったらどうですかと言って上げています。これも先入観を持って就職活動をしている学生が大変多いです。もっと自分の能力を大切にしてほしい。

●ウサギとカメの話——目的と評価の問題

それから三つ目のウサギとカメの話には二つの意味があります。一つは目的の明確化です。よーいどんでウサギとカメがスタートした。カメはゴールに到達した。ウサギは途中で寝てしまった。ここで昔の成果主義で評価する会社が未だにあります。人間尊重経営をめざす同友会の学びではありえないことです。

気をつけないといけないのですが、ちょっとできて成果を上げると、この人間ってほかのこともできるのではないかと過大に期待をかけるものだから本人が潰れてしまうことがある。私も過去に潰してしまったことがありました。今から思えば結局僕が辞めさせたのだろうな、本人には本当に申し訳ないことをした。その人の人生を狂わせたわけだから。本人はうちの会社でずっと勤めたいにもかかわらずあまりにも過大な要求というか期待をかけすぎたために潰れてしまったという経験を私はしております。

実は、カメはやっぱり足が遅いのです。どこを評価してあげるかというと、コツコツとゴールへ行った、達成したというプロセスを大事にしてあげるべきです。でも、足が遅いことはやっぱり認識しなければいけない。遅いことを認識しながら、次の目標を一緒に考えてあげる。これが大事だと思うのです。

そういう考え方をしたとき、じゃあ、ウサギは寝てしまったからダメなのですか? ということです。成果主義ではダメなのです。こいつは達成しないからダメな人間だ。こいつはまた寝てしまうからダメだと、さっきの先入観の話に戻ってしまうのですね。しかし、ウサギの速いという特性をきちっとみてあげれば、別の見方ができる。ここでさっきのコップの水の話に戻るのですが、プラス思考でいけば、ウサギは速いということを認識して、足が速いのになぜ遅れてしまったのか。なぜ寝てしまったのだろうかとなる。もう少し考えればウサギはどこを見ていたかということです。それはゴールに行こうとせず、カメを見ていたということです。どうせあいつは足が遅いからと油断をしてしまった。結果として先にカメはゴールに到達した。走るときに、カメはゴールをめざすのが目的と理解をしていた。ウサギはカメよりも早く走ればよいと考えたため、足の遅いカメを見てうかつにも寝てしまったのだ。ウサギも走る目的を明確にしてあげればカメより早く到達することになります。

そうすると理解をせず飛び出したウサギも問題ですが、用意ドンと言った管理者の指示の仕方が悪くきちんと両者に走る目的を伝えたのかが問題になってくる。何のために今仕事をやっているのか、どこを目指すのかが本来は重要なことであった。早いというウサギと、遅いかもしれないが愚直に前進をしていくカメのそれぞれの特徴を生かす仕事を与えれば、プラスプラスで両方の個性をを生かすことができる会社になるでしょう。ここが、それぞれの持ち味を生かす考え方と結果主義の成果主義との違いなのです。前に言ったように、八時間付加価値のある仕事をしようと思ってもそこに二時間の単純作業があれば、付加価値のある仕事は六時間しかできない。この二時間を誰かがバックアップしてくれなければ、得られるべき二時間分の付加価値の高い利益を得ることができません。だからなかなか会社が発展しない。わが社はそこにずっとはまり込んでいたわけです。

このことに気がつくのに、だいぶ時間がかかりました。約二〇年かかったわけです。同友会に入会して

『人を生かす経営』（労使見解）に出会っていろいろ勉強するなかで、会社のどこが問題なのだろうかと考えていたらこの三つの話が浮かんできて、そうだ、この三つが会社の成長を邪魔していたのだと気づきました。逆にこの考え方に切り替えたら、びっくりするくらい社員が成長してどんどん働きやすい風土に変わっていったのでした。今まで心の中では社員数が増えれば増えるほど人の苦労をするからあまり会社の規模を大きくしたくないと思っていたのです。過去の二十数年間は、とにかく人が辞めていくし、また勝手なことをやっていく。自分の思うようにいかないので、社員数は少ないほうがこじんまりと家族的経営をやれて、そのほうが楽かなと一時は思っていました。でも実際は、社員が増えれば増えるほど経営者として充実してくるのですね。社員が進んでどんどんやってくれますから。そういった意味でも人間って本当に尊重しあわなければいけないな。本当に人間って資産なんだなということをしみじみと心から感じております。同友会というところは、そういうことを教えてくれているのですね。

(三) 人材育成と採用をやり直す

共に育つ＝育ちあう社風づくり

これも前に少し話をしましたが、今いる社員は必ずいなくなるということです。生きているものは必ず毎年、年を取っていくのです。意外と日常忘れていませんか。われわれ経営者もそうです、いずれいなくなるのです。だから早めに事業承継を考え始める必要があります。それと同時に社員にも同じことが言えます。技能・技術は継承できていますか。今いる社員に「がんばれ、がんばれ」「お前頑張っているから高く評価するよ」でいいのですか？　自分の技術なり自分のノウハウを、いかに後輩に伝えるか。自分が勉強したら、それをいかに指導するかという風土が会社にできているかということです。それをやらないと、五〇年後、今いる社員何人残っていますか。ほとんどいないはずです。

　人材育成って時間がかかります。時間かかるからこそ着実に財産として蓄積していくために、ロードマップを作成してそれに合った教育が必要だと一歩ずつですがコツコツと進めています。「そんなことやっとれん。即戦力になる人をいれる」と思っていたら、人材育成の蓄積はできないです。しかも一〇年か一五年くらいかけていくしか社員は育たない。となると、経営者が育てながらいくとともに、先輩社員が後輩社員を一緒に育てなきゃいけない。僕は、そういうのが人材育成だし、これが本当に強くなる会社だと思っています。それが「労使見解」で学んだ、社員とのパートナーシップの関係づくり、人間としてのお互いに教えあう共育風土を作り上げることになることだと実践しています。

　今までは外部研修に誰々さん勉強しに行きなさいと強制的にやっていました。正直な話、なかなか成果がでませんでした。本人が学びたい興味のあることかを聞かずに会社の都合で決めた研修なので本気で勉強してくれません。緊張感もないのです。それでやめました。年三回の長期連休前の一日を使い共育デーとして、外部研修で自主的に勉強してきた社員を講師にして、コースを分けて同じ時間帯に八つくらいそれぞれのカリキュラムで、一般社員は自分の勉強したいところ、これが弱いなと思ったところに行く。一時間終わったら今度は違うカリキュラムや実技だったりとそれぞれに進んでいく。この仕組みにしたらみんな真剣でしたね。大変良かったのは、先生役をやる社員は教えるとなると中途半端では教えられないのでもう一度復習をして勉強し直す。一方、聞く方も勉強したいところに行っているので、質問も出て双方とも真剣でした。やっぱり自分の意思による行動が大切なんですね。

QCストーリーを大事に

人材育成を何のためにやるのか。何をやっていくのか。これも見直しています。今QC検定を、盛んに社内で展開しています。なぜやっているのかというと、先ほど問題発見能力の話をしましたが、問題を発見したらそれを解決できてこそ、潜在能力が湧き出てくるのです。問題解決とはどういうプロセスを踏むのかという考え方がとっても大事だからです。

普通は起きてしまった結果から解決策を考えることが多い。これは、結果から結果を生み出しているのに過ぎない。それは、また同じことが起こりうる確率が高い。何かが壊れました。こんなふうに直しました。良くなりました。となってしまうのです。これが対策だというのですが、それはまた起きる可能性がある。何で壊れたのか追求していないから。何で壊れたのか現状をしっかり把握して、どこが悪かったのか。機械が焼きつきました。それはベアリングがもう古いから焼きついたのだ。だから、ベアリングを交換しろという。ところがよく見たら、給油を日頃やっていないものだから、それで焼きついて止まってしまった。実はベアリングの劣化の問題ではなかったのです。原因の追究が間違ったため、対策がまったく違ってしまったのです。真の原因でないため、また同じ焼付きが起こるのです。

ここが大事なのです。問題解決能力を発揮するためには、やっぱりQCストーリー（問題解決法）が大事。それでQC検定やらざるを得ないと思って、正社員全員とパート社員の希望者に受けてもらっています。

業務のプロセス思考のベクトルを合わせて、業務の進め方を同じにしています。そういう意味で必須条件ということでやっています。

「人生を預かる」覚悟で採用活動

もう一つは、人の採用に関係してですが、例会のグループ討論のとき、出来の悪い社員を皆さんはどう扱っていますかという話が出てきます。何かその社員が全面的に悪いように聞こえるので、ではそのできの悪い社員は一体誰が雇ったのか。あなたですよね。自分で納得をして入社してもらったのに文句を言っているのですか？　だったら採用の入り口でしっかり確認しなかったあなたの問題ではありませんか、ということです。とにかく猫の手も借りたいのでとりあえず入れておいて、今度は育てる間がないから自分で考えてやってくれ。それで良いのですか？　ということです。その人の人生を預かるわけですから、入社させておいて「おまえ、出来が悪い」なんて言ってはいかん。入るときにきちんと、その人の人生を預かれるかどうかを責任もって見なければいかんということです。

だから、同友会では共同求人での学びの中で、新卒を採用してしっかりと育てていきましょうと言っているわけですが、ここで言いたいのは、われわれ企業の都合で学生を選んでいませんかということです。私どももずっと自社の都合で選んでいました。だから、定着率が悪く辞めていく社員もいました。

今はどうしているかというと、学生に選んでもらっています。今いる社員に、仲間を増やしたいだろう。後輩欲しいよね。そのためには魅力のある会社にしないと学生は誰も応募してくれないから、みんなで魅力のある会社をつくろうよ。そして入社したら頼むよ。あんたたちが育てるんだよ。とお願いしています。

社員が会社の魅力をしっかり語ることによって興味を持ってもらうということを大事にしたのです。

それと今は、学生から面接のときは成績証明、履歴書をもらいません。内定を出して初めて提出をしてもらいます。それは入社して四～五年経って、学業の成績の良い人が本当に会社で成長しているか、逆に成績の悪い人は足を引っ張っているのか。実は成績に相関関係がないのです。

最終面接までは、こちらから学生に合格不合格を出すことはしていません。自ら去っていってもらうやり方をしています。なぜ働くのですか？　なぜ就職するのですか？　という質問を会社説明会のとき話をします。会社に興味がありその質問の回答ができた学生に一次面接の応募をしてもらいます。この二つの質問は最終面接まで毎回聞きます。

なぜ働くのか、なぜエイベックスかをずっと毎回聞くのです。答えに窮する学生にはこの後応募しないように言います。このやり方が、会社が選考するのではなく、学生に会社を選択させているのです。一次面接あたりは「金が欲しい」とか「車が欲しい」とか、「いずれ家を買いたい」とか「家庭を持ちたい」とかお金に絡む話が多いのですが、ずっと面接していると学生も考え方が変わってくるのです。結局、面接において指導をしているのです。学生を育てているのです。でも、そんなことをやっても必ずしもうちの会社に来るわけではありません。合わないと思ったら来なくなります。でも、ここは社会貢献だと思っています。この学生が本当に自分の納得したところに就職できたらこちらとしても嬉しいじゃないですか。「こういう会社に就職しています。あのときに指導をして貰ったので本当に感謝しています」と手紙やメールをくれる学生もおります。これは本当にありがたいです。こっちも勇気づけられますよね。

特に何を濃く語っているか。経営者としてこんな思いで経営しているよ。それを理解した学生が今年も入社してくれる。それがはっきり見えてこない学生は来なくなります。応募の母集団の中から自主的に飛び上がって会社に飛び込んで来る学生が欲しい。それを見極めるために一生懸命面接をしている。成績の悪い学生が会社で活躍するか、成績の良い頭のいい学生が出来の良い社員として育つか、なんてわかりません。結局は、本人の意欲次第です。自分で決めてくれ、自分で決められない学生は要らない。自立型社員の卵に入社してもらい育てる。自分の能力なりに自分で考えて知恵を出してやってくれる社員を大事にします。直接的に稼がなくても間接的に稼いでくれる社員も、私は大事だと思っている。

㈣ 経営指針づくりをいま一度考える

ビジョンづくり

非連続の時代なだけに、本当にビジョンが大事ではないかと思います。ビジョンをつくっていないと社員は不安がります。経営者が「うちの会社は、この経営理念をベースにしてこんな方向に行くよ」ということを表明して、それから社員さんと一緒に具体的な展開の議論をすることによって、一緒にビジョンづくりをやっていく。一緒に考えてきているので、全体がつながってくるのです。ビジョンがないと、そのときのぱっと思いついたことや今やっている仕事の延長線上になってしまい、会社の長期展望が見えなくなって意外と方向性がぶれるときがある。大切なのはめざす方向性のベクトル合わせです。そのためにはビジョンが欠かせません。

私どもは一〇年単位で、世の中の変化を見ながらこういう方向に行くんだというベクトル合わせを社員とやってきています。「世界を見据え、地域に生きる」とはどういうことなのだろうか、海外進出をするべきなのか、国内に残るにしてもどのような展開をしていくべきかという議論をします。社員は「そのためにどういう行動をしなければいけないのか」という観点から、年間の方針が決められてくるのです。

理念は魂から発されていますか?

経営指針づくりの中で、気をつけていることをもう一度確認したいと思います。経営理念、経営理念とよく言いますが、最近どの会社にでも使えてしまうような表現が非常に多くなっています。どこかの受け売り、同友会の本の受け売り、ほかの会社の経営理念を見ているものだから、同じ言葉では自分で考えたものでないことがすぐ分かってしまうので、「てにをは」と少しだけ変えてあるものを見かけます。

自分の会社の目的・あり方って明確になっているのか。なんで今経営しているか。経営に対する信念が心より表現されていますか? 経営者ならば一番大事にしているものは何なのですか? 詰めていくと、結局は自分も大きな家を作りたいとか、外車に乗りたいとか、意外とお金にまつわるそんな話です。同友会で学んでいる人を生かす経営とは、人間尊重経営とは如何なるものかを議論していくと、言っていることとやっていることの日頃の行動と矛盾が出てくるのです。同友会での学びとは、企業経営とリンクしていて、そこに本質的には、気づいてほしい。

この年齢《とし》になって思うのは、決して譲ることのできない経営者の魂ということについてです。これが一人ひとりの経営者のオーラだと思うのです。オーラはつくるものではない。なんとなく、いい意味での近寄りがたいとかね。赤石さんなんてそうじゃないですか、対等に話をしてくれるし別にどうってことないのだけれども、なんとなくすごいでしょう？　あれがオーラだと思うのです。自分の会社をきちっと成長させ、社会に貢献できる会社に育て上げた。その自社での実践と同友会での学びをさらに深く徹底的に考えてきた。そこにはやっぱり魂がある。魂が、ほとばしってくるのです。自分の中に、それが表現できているかというとなかなか難しい。でも表現ができるように、これからも精進して行こうと思っています。

何のために経営しているのか？　自社は「何屋なんだ？」

次に、「何のために経営しているか」ということです。これもよくグループ討論で議論するのですが、非常に表面的な話しか出ていない気がしています。自社の社会に対する存在価値はどこにあるのか。うちの会社は何を提供しているのか。スプールバルブという製品を加工してお客さんに出荷することによって、どのように社会に役に立っているのだろうか。ここをもう一度社員とともに考えようとしています。

結局一番大切なここが確立していないのです。企業変革支援プログラムをやるとよくわかります。わが社で企業変革支援プログラム・ステップ1で自己評価をしたとき、経営理念の項目の点数は高いのです。ところが、経営方針の項目になったら、私は3点つけたのですが、幹部社員は1点なのです。経営理念は私と一緒で3点ついているのですよ。経営方針のほうはドーンと私と差が開いている。結局は経営指針の作り方にやらされ感があるということです。今さら何でなんだ。幹部のみんなと経営戦略会議を泊まりがけまでしてつくっているのにもかかわらず。私は経営方針には一切口を出していない。自分たちがつくっているにもかかわらず、やらされ感があると言うのです。

ところが実は、私がいったん枠を決めてしまっていて、自分の部署から出た方針づくりではあるが、その枠の中で方針を考えようということにしていたというわけです。このことは企業変革支援プログラム・ステップ2をやって、見えてきました。ステップ1のときでもある程度は、やらされ感ということがわかったのですが、さらにステップ2を見るとそれはそうだというのがどんどん分かってきたのです。

そこで今、見直しをやって、経営会議の中で四〇分しか時間を取れませんが、ステップ2で、どういうふうに考えるべきだろうかということを一生懸命やっているのです。社会に対する会社の存在価値が私も含めて経営幹部も意外とわかっていない。経営理念はこうだと言えても、わが社のやっていることの社会的価値はこうだということを心から理解をして言えていなかった。どんな会社を目指したいのか、目指しているのか、ここを明確にしないと社員は具体的な方針を立てられないということです。

それともう一つ、事業領域です。うちの会社は何屋なんだということです。さっき言ったように、どこの会社でも通用する経営理念になっているとするとそこがあいまいになっていないかということです。自分の会社は何屋だということが理念の中に反映していないということです。わが社で言うと良品を生産することを追及し続ける、そのことによって社会に貢献するということ、良品を生産するというのがうちの事業領域分野なのです。しかし多くは、関わる人々の幸せとかいう言葉だけ書かれている。

例えば、スギ製菓さんをホームページで見てもらうといいのですが、経営理念に美味しさと楽しさを提供する会社だと言っています。スギ製菓さんの会社はえびせんべい屋で、えびせんべいを通じて自分たちはこういう社会にしたいという思いが経営理念に入っています。でも、最近何屋さんかがわからない事例がいっぱいあります。事業領域まで入れた経営理念が良いのではないかと感じています。

ともかく事業領域が明確になることにより、それぞれの部署は初めて具体的な方針に入れます。わが社では、売上の多くは自動車部品の製造なので、事業分野は自動車部品製造業と言えると思います。しかし自動車部品製造業ではなく、小物精密切削・研削加工を極めるプロフェッショナル集団だというのが事業領域です。これはお客様を自動車部品業界に絞らず、小物精密切削・研削加工に関係するお客様に広げているのです。これによって少なくともお客様の対象が広がり、それによって経営方針はずいぶん変わってきます。方針が変わってくればそれに基づいた行動計画やそれぞれの目標になってきます。こうしていくことにより、経営理念・ビジョン・方針・計画とつながっていくのでやらされ感もなくなりトップから社員さんまでのベクトルがあって来て、全社一丸体制が出来上がってくると考えます。

人材育成の場としての指針発表会

次に、それぞれの部署の目標値について、なぜ達成したのか、達成できないのかを経営幹部会議やそれぞれの部署の計画対実績会議でやります。どちらかというと達成したほうを優先しています。達成したことを棚上げして、できないことばかりを追求しているとやる気をなくしてしまうので、さらに悪くなる可能性があります。そういう経験をしているので、目標より結果が良かったことに目をつけて、「なんでこんなに目標より高かったのだろう？　これなんとか維持したいよね。ポイントをしっかり抑えておこうよ。これをノウハウとして繋いでいこうよ」という議論を大切にしています。

経営指針発表会に向けての年度経営指針づくりのために、月次財務フォローも行っている経営幹部会議メンバーは、一泊してＰＤＣＡのＣ（チェック）とＡ（アクション）を重点的に行うことと中長期ビジョンが経済環境からずれてきていないかの議論を徹底的に行います。その下位の役職者であるチームリーダークラスについては、経営幹部であるＧＭクラスが大枠の方針をチームリーダーに語ります。そこに我々経営陣がいて、ＧＭが経営陣の思いと同じことを語っているかどうかのチェックを入れます。少しでも違っていると「ちょっとそれ表現がまずいよ。本当はこういう思いなんだ」というように修正をかける。少なくともチームリーダーとＧＭと経営陣は、そこで、一体化できるわけです。

そして全社員が集まる経営指針発表会です。ここがわが社における一番の勉強会です。全員の人材育成です。一番時間をかけて、お金もかけて、力を入れているのはここです。

先ほど人材育成は時間がかかると言いましたが、最初始めたころは経営指針を理解している社員がいないのです。始めるときには、すでに勤めている社員が存在しているわけです。そうすると、最初のうちは新しく同友会の共同求人で理解をしている人を入れても会社の風土が出来上がっていないので、三人入れたら三人ともやめていくとか、五人入れて一人だけ残るとか散々でした。それでもあきらめずにずっとコツコツ続けて、規模を拡大しながらやっていくと、同友会で入れたメンバーが全体の社員数の半分を超えてきてやっと落ち着いてきました。今、七割から八割が同友会入会後から採用している社員です。今は社員がどんどんやっていくので、本当に楽しみです。

そういった意味で、非連続の時代の今、もう一回、市場創造と人材育成の基本を見つめて、何のために、何をやっていくかを考え、方針を立てていこうじゃないかと言っています。

（二〇一二年宮崎同友会同友塾での講演をもとに、二〇一〇年の中同協京都全研の報告を加えたものに、大幅に加筆・修正したものです）

終章　コロナ・ショックの今こそ、同友会型企業づくりの新たな深化へ

中同協人を生かす経営推進協議会代表
加藤　明彦

一、五つの対応ステップ――「労使見解」に基づいた展開

いまコロナ・ショックに直面して、リーマン・ショックのとき、売上がマイナスになるのでは、と心が動揺していたことを思い出します。落ち着いて考えてみれば、会社の利益が赤字になることがあっても、売上のゼロ（零）円以下はありません。今、リーマンショックを経験したことがない経営者の中には、私と同じような思いをしている人もいるかもしれません。

あの当時やったことは、それまで同友会で学んできたことを思い出し、このような激変のときに同友会の先人たちはどう考えて乗り切ってきたのだろうかと、あの激動の最中ではありましたが集中する時間をつくり、同友会でいろいろ発行されている書籍の中でも、同友会運動の基本中の基本である『人を生かす経営』（労使見解）を読み返していました。今回のコロナ禍において、経営の原点を見出すためにも、この苦難を乗り切っていくためにも、改めて『人を生かす経営』（労使見解）を読み返してみました。

リーマン・ショックの翌年、一番資金繰りの苦しいときに社長を交代しました。変えてはいけないもの＝経営理念と、変えるべきもの＝ビジョン・方針・計画を明確に分けて、この一〇年、変えるべきものの過去の成功体験は一切伝えず、変えてはいけないものの経営理念は常に確認をしてきました。今回のコロナ禍における対応策は実際には社長が手を打ったことですが、そういった意味では、私と社長は経営者としての思いは一緒です。まず会社として三月から五月に手を打ってきた対応ステップをここで示します。

●ステップ1：社員と関係者の安全確保
　⇓感染予防と感染拡大防止の対策

●ステップ2：運転資金の確保
　⇓金融機関からの資金調達〈一年間の6割操業を想定〉

●ステップ3：社員の雇用維持宣言〈雇用カットゼロ、賃金カットゼロ〉
　⇓雇用と所得の安定で、社員との信頼関係構築

●ステップ4：方針の策定と社内展開〈活動の優先順位を共有化〉
　⇓直近方針と中長期方針の展開〈細やかでも大胆に、大幅な変更実施〉

●ステップ5：活動の日常管理〈計画対実績の差異分析チェックで目標達成〉
　⇓計画の達成状況チェックと経営資源投入〈技能・技術等の教育・訓練〉

二、「経営者の責任」とは？――「会社を潰さない」こと

今からは、今までの同友会から得た学びの実践です。

まず、『人を生かす経営』（労使見解）で、初めに出てくる言葉に「経営者の責任」があります。「いかに環境がきびしくとも、時代の変化に対応して、経営を維持し発展させる責任があります」。経営者として一番重要なのは、いかなる困難な状況があっても困難の原因を他に求めたり、仕方がないとあきらめないで、経営者として十分な責任は果たしていく。それをしない経営者は失格ではないか。そして、経営全般について明確な指針をつくるということが何よりも大切ではないか。と書かれています。そこを読み返して実践したことの話です。

ステップ２：運転資金の確保ですが、経営者として一番の責任は「会社をつぶさないこと」だと思います。会社そのものがなくては、もう経営者ではありません。なぜ、会社がつぶれるのでしょうか。それは、支払うお金がなくなるからです。黒字倒産という言葉を知っていますか。業績が黒字でも、お金が回らなくなるから倒産するのです。五月の売上は前年同月比七〇パーセント減と急激に落ちてしまい利益は大幅な赤字という月次決算でした。でもつぶれません。それは、お金を確保したからです。今回は業績が悪化すると分かったとき、すぐ「資金手当」を行いました。

実は、リーマンショックのときは、毎月一〇パーセントずつ売上が落ちていったものですから、業績が悪化していてもそんなに慌てずに資金が不足してきた段階で、当座貸し越しの枠が設定してあったのでその枠の範囲内で短期資金を借りようとしたところ、当座貸し越しの枠を半分に減らすか、金利を倍に上げて借りるか、どちらを選びますか、という要求を銀行から突きつけられました。私にとっては寝耳に水の話です。びっくりし慌てふためきました。しかし結局は、貸し越し枠を半分という条件を呑んだので、予定の半分しか資金手当ができませんでした。そんな一生忘れることのできないショックがあったものですから、今回は一番先に当座貸し越しの枠いっぱいの資金を調達しました。必要なければいつでも返せばよい、と腹をくくりました。

しかし売上の落ち込み予測をすると、その資金だけでは足りません。今回は、まず一年間行き詰まらないような金額の「お金」を調達しました。

このことは、日頃から「管理会計」に基づく「経営計画対実績の差異分析」を行っていれば、すぐ計算ができるでしょう。しかし、ここでつまずいている経営者はいませんか。同友会において、口酸っぱいぐらい「経営指針づくりと実践」を同友会運動として進めている理由の一つがここにあることに、今回気づいていただけましたか。

三、「経営者の覚悟」とは？――「雇用を守る」こと

次にステップ3：社員の雇用維持宣言〈雇用カットゼロ、賃金カットゼロ〉ですが、リーマンショックの時は社員の処遇をどう考えるかで大変悩みました。売上が激減している現在、苦しいから経費節減だと言って、人件費から手を付けようとしている自分がそこにいる。しかし借りたお金は返さなくてはいけない。そのためにはできる限り早く黒字転換をしなければならない。そのためには、経営者と社員の信頼関係のなか、全社一丸体制で乗り切ることが最も大切だと、学んできてはいた。いざ現実にぶつかると迷っている自分がいました。しかしそのとき、ここは経営者として覚悟をしました。今振り返っても、この社員との信頼関係を築くことができたおかげで今日の発展があるのです。紙一重でした。そんな経験をしていますので、今回は雇用を守ることに、まったく抵抗感も迷うこともありません。

この間もWebグループ会で、今年の夏の賞与を払うべきか、もし払うとしてもどれくらいが妥当かという議論がありました。やっぱりみんな自分のことしか考えていない経営者だった。あなたならどうするかと聞かれたので、「わが社は夏の賞与は前年と同額払います」と言ったら、みんなびっくりしていました。ゼロ（零）にするか、どう減らすかしか頭になかったのです。

社員はみんな不安がっている。このときこそ、同じお金の金額であってもお金の価値観が違う。ありがたみが違うのだ。もし体力が残っているのなら、世間と横並びの考えをせず、社員の立場になって考えてみてはどうか、こんなときこそ人を生かすとは？　私はこのようにも理解をしています。

人は「資産」と位置づけて外部環境による非常時のときこそ、社員を損益計算書（P／L）の「人件費」という費用と捉えず、貸借対照表（B／S）の「自己資本」に相当する「資産」と捉えました。人はそう簡単に成長しません。時間をかけてコツコツと日頃から積み上げて育ってきた社員がいることが、わが社の強みだと自信をもって言えます。

四、コロナはいずれ収束するが、V字回復はない

次のステップ4：方針の策定と社内展開（活動の優先順位を共有化）ですが、まずリーマンショックとコロナ禍との違いは、リーマンショックのときは、金融バブルの崩壊で企業収益・貿易量が下がるという「大きな経済の縮小」で、このときの「経営戦略」は『市場開拓による市場創造』、今回のコロナ禍は、世界において接触・移動が制限されることによる経済の停止・停滞による売上減なので、今回の「経営戦略」は市場の環境変化に対応した未来への『差別化による市場創造』だと考えています。

コロナ禍が収まれば景気がよくなる。世界経済はよくなるとしても、個別の事案、今まで需要があったものが停滞したり逆に注目されてこなかった分野が浮かび上がってきたり、世の中の欲するものが変わってくるために産業や需要の構造が変化して従来のやり方が通用しなくなり、世の中の変化に対応すべき企業変革を進めていくことが最も重要だと考えています。「コロナはいずれ収束するが、V字回復はない」と危機感を持っています。

当面は、売上が七〇パーセント操業でも黒字に転換できるよう、「単年度計画の大胆な全面的な見直し」を図っています。また、次のステップに向けた経営戦略として、そもそも自動車業界は一〇〇年の大変革時代でCASE等、電動化・自動運転化、また業界の再編成等、今ある仕事がなくなる環境の真っただ中にいます。先手必勝が大切で、手を打つのが遅くなると淘汰されてしまう環境にいます。

いずれにしても今までより競争は激しくなりますが、商売の仕方を転換して新しいビジネスモデルを構築するよう先手を打てばビジネスチャンス到来となるので、置いていかれないように変化に柔軟に対応して、企業の存続と発展ができるよう、新しい展開を模索しています。

わが社の事業領域である小物精密切削・研削加工を極めるプロフェッショナル集団として、お客様の技術革新に対応していけるよう、今のうちに教育・訓練をしっかりと行い、さらなる技能・技術を高め新しい製品の獲得に努めています。

心がけとして、今こそ同友会から危機を脱却する経営のヒントを取り、チャンスを自らつかみ取りましょう。残念ながらチャンスが前から来れば、誰でも受け取ることができますが、後ろから静かにスーッと通り過ぎていくので、目に入ったときには時すでに遅し、チャンスは行ってしまいます。常にアンテナを高く感性を豊かにして、そよ風が後ろから吹いてきたらすぐ手を広げ、チャンスをものにしましょう。

五、方針の策定と社内展開

そして今は、ステップ5：活動の日常管理〈計画対実績の差異分析チェックで目標達成〉の段階に入っています。七〇パーセント操業で黒字に転換できているか、管理会計に基づく「計画対実績の差異分析」を行い、達成状況をチェックしています。そして技能・技術の教育・訓練が予定どおり進んでいるかの確認も行っています。

これこそ同友会運動の、経営指針に基づく経営の実践を忠実に着実に行っているのです。コロナ禍の先を見据えたビジョンに基づきロードマップを作成しました。それをそれぞれの役割に応じて方針展開をすることで、やるべきことが明確になるため社員にやらされ感がなくなり、自ら行動するようになってきています。

六、今からでも遅くない。「経営指針の展開」で「企業体質強化」づくりへ

今まで、「経営指針」の展開から、企業基盤の確立をしてきました。いわゆる企業体質強化づくりです。コロナ禍で大変ですが、結局は日頃からの経営実践が困難を乗り切る企業としての差が生まれてきそうです。今からでも遅くありません。一歩一歩ステップを踏んで進んでいきましょう。

□行き先も決めず羅針盤もなしに、会社を動かしていませんか？

□社長が作り、社長が語り、一人芝居をしていませんか?
□自社の経営指針発表会に同友会のメンバーに参加をしてもらい、コメントをもらっていますか?
□理念だけでは、飯が食えない状況のときに、方針・計画については、社員を巻き込んで作成をして、月次フォローを社員としていますか?
□理念で飯が食える状態になってきましたか? 理念に基づいた社長のビジョンに基づいて、方針・計画が社員の自主性により作成されていますか?

(二〇二〇年六月十五日、奈良県中小企業家同友会・全県Web例会「『人を生かす経営の総合実践』で、未来を切り開く——コロナ禍の今こそ、同友会運動と企業経営は不離一体——」の報告をもとに加筆)

編集を終えて

新型コロナウイルス（COVIT-19）が地球規模での猛威を振るっています。七月現在、その拡がりは、この文明のあり方をも問いかけつつ複雑な様相を見せて止《とど》まることはありません。わが国でも、その急激な拡がりは社会経済生活全体に大きな混乱をもたらし、六月に入って第一波は収まってきていると見えるものの一進一退の様相で、秋口からの第二波、第三波が、現実味を帯びています。

現在のコロナ禍ともいえる事態の進行のなか、経済活動は社会の全体にわたって停滞し、ことに地域の生活に密着する中小企業は、直接的に打撃をうけ、大きな困難に直面しました。自社の存続をはかって社員の雇用を守ることはもちろん、地域の暮らしを維持していくために何をすべきか。初期の衝撃は和らいできたとはいえ、中小企業家の闘いは、今もつづいています。

「いかに環境がきびしくとも、時代の変化に対応して、経営を維持し発展させる責任があります」（労使見解）。幸い、私たち中小企業家同友会には、かつて幾度か経済危機――オイル不況、バブル崩壊後のデフレ不況、リーマン不況等――に直面するなかで、まさに逆風を逆手にとって、強靭な企業体質につくり換え、新たな時代を切り拓き中小企業の存在を認めさせてきた歴史があります。そして、それぞれの経営者がこの経営体験を語り伝え記録として残してくれています。そうした経営実践に今こそ学ぼうと企画されたのが本書です。

本書では、三人の経営者の方に登場していただきました。遭遇した経済状況は異なっていますが、同友会の「人間尊重」の基本を貫き通す姿勢は同じです。その基本を踏まえて経営の現場でどのように展開したのかが具体的にわかるように編集し、加筆もお願いしました。さらに加藤明彦中同協人が育つ会社づくり推進協議会代表からは、コロナ後も見すえての緊急提言もいただきました。

コロナショックの中にある中小企業経営者の皆さんが、三人の実践を受けとめ、それぞれの場で新たな実践を創造して、〝コロナとともに〟の次の時代に同友会の真髄が受け継がれていくことを願うものです。

最後に、収録させていただいた三編は、本書刊行にあたり、新たに編集させていただいたことをお断りしておきます。その経緯は各記録に記してありますが、それぞれの著者、および中同協はじめ関係同友会事務局の方々には、補筆・加筆および点検・校正の労を取っていただきました。また、広浜泰久中同協会長からは、本書すいせんの玉稿をいただきました。皆様に深く感謝申し上げます。

なお、本書を企画し編集した「あかいし文庫」友の会については次ページに説明していますが、故赤石義博元中同協会長・相談役の遺志を受け継ごうとの思いの一端が、本書のような形で結実したことに、あらためて感謝申し上げます。とともに、かつてのＳＡＲＳ（サーズ）問題のときに、「ウイスルの問題は自然との共生を崩した現代経済社会のあり方が問われている」との赤石さんの提起を思い起こしつつ、その提起にこたえていくのが、オイル・ショックの中で「より大きな目的をもって頑張らなければと自分に誓った」赤石さんの志を受け継ぐことになると、意を新たにしているところです。

二〇二〇年七月

宮崎同友会「あかいし文庫」友の会

「あかいし文庫」について

「あかいし文庫」は、故赤石義博氏（元中同協会長・相談役）が遺された蔵書一四〇〇余冊をご遺族の「同友会活動に役立てたい」とのご厚意により、宮崎同友会が預かり、整理して、宮崎同友会事務局内に二〇一九年五月に開設したものです。同友会とともにそのリーダーとして活動された赤石氏の、《生きる・暮らしを守る・人間らしく生きる》に結実された思索の足跡を知り、また、本によっては朱線や書き込みもあり、赤石氏の肉声にも触れることができます。宮崎同友会では、この文庫が全国の会員の皆さまに広く活用していただけるようにと、「友の会」制度をつくり、蔵書の貸し出しや関係資料の整理・発信を行っています。

なお、この文庫開設を記念して、二〇一九年五月二十五日に、開設式典と交流会を開催しましたが、そのメイン行事として四人のパネラーによるパネルディスカッションも行われ、その記録をまとめて小冊子『生きる・暮らしを守る・人間らしく生きる——赤石さんとともに学び、継承し、新たな創造へ』も発刊しています。（定価五〇〇円。申込みは友の会事務局へ）

「あかいし文庫」の様子（上）と「パネルディスカッションの記録冊子」表紙（下）

「あかいし文庫」友の会事務局
〒八八〇-〇九一五
宮崎市恒久南三丁目三-二
宮崎県中小企業家同友会内
TEL：〇九八五-五〇-三六六五
FAX：〇九八五-五〇-三六五三
E-mail /info@miyazaki.doyu.jp

逆風をもって「徳」とする

オイル、バブル、リーマンの危機を
乗り越え再成長への道を拓いた
同友会型企業づくりの真髄

発行日　二〇二〇年七月十五日

著者　赤石義博
藤河次宏
加藤明彦

企画編集　「あかいし文庫」友の会
事務局　〒八八〇－〇九一五
宮崎市恒久南三丁目三－二
宮崎県中小企業家同友会事務局内
TEL　〇九八五－五〇－三六六五
FAX　〇九八五－五〇－三六五三

発行　鉱脈社
〒八八〇－八五五一
宮崎市田代町二六三番地
電話　〇九八五－二五－一七五八

制作・印刷・製本　有限会社　鉱脈社